Ricardo José Durán Rodríguez

I0505713

CONSTITUCIÓN de los ESTADOS UNIDOS

para *ESTUDIANTES*

Edición bilingüe español-inglés,

ordenada para una memorización rápida.

Esta edición incluye:

- la *Declaración de Independencia*,

- la *Constitución de los Estados Unidos*,

- la *Declaración de Derechos* y resto de *Enmiendas*, y

- *las Enmiendas propuestas no ratificadas.*

*

Original Title: **Constitución de los Estados Unidos para estudiantes**
Edición bilingüe español-inglés, ordenada para una memorización rápida.

Third Edition: November 2025

© Ricardo José Durán Rodríguez

Author: Ricardo José Durán Rodríguez

CONSTITUCIÓN

de los

ESTADOS UNIDOS

para ESTUDIANTES

Edición bilingüe español–inglés,
ordenada para una memorización rápida.

Esta edición incluye:

– la Declaración de Independencia,

– la Constitución de los Estados Unidos,

– la Declaración de Derechos y resto
  de Enmiendas, y

– las Enmiendas propuestas no ratificadas

INDEX

ÍNDICE

THE BILL OF RIGHTS

AMENDMENTS XI - XXVII

PROPOSED AMENDMENTS NOT RATIFIED

ENMIENDAS PROPUESTAS NO RATIFICADAS.

I. ORGANIZING LEGISLATION FOR QUICK MEMORIZATION, WHILE RESPECTING ITS LITERAL MEANING.

Both during my years as *a student* and as *a teacher*, I was always struck by the apparent **dryness** of legislation at first reading, when with a little effort, what seems impossible to retain in memory can be turned into a **clear and concise text**, perfectly structured and prepared to be retained and memorized.

The more I think about this little *technique*, the more I understand that its *origin* lies in **Spanish language** classes in school and high school, because for years we had to identify subjects and predicates, direct and indirect complements, circumstantial complements, etc., etc., And what we are doing here is nothing more than **structuring the different parts of the sentence,** helping with some *formatting* to highlight KEY WORDS, or ~~crossing out words~~ when we encounter negations, to make it easier to understand everything the corresponding article is trying to tell us at a glance. And all this while respecting the **literal** meaning of the rule and the **order** in which things are said in the legal text.

This truly *magical* way of presenting information:
  - drastically reduces the **difficulty** of comprehension,
  - saves study **time,** and
  - unimaginably improves **memorization** of the legislation, and
  - in conclusion,
      - makes the student's **life** much easier, and
      - makes them much more **effective** *learners*.

In this book, I apply this technique to the ***Declaration of Independence*** and the ***Constitution of the United States***, which includes *the Bill of Rights* and other *amendments*. In this second edition, in addition to improving the *"format,"* I have added the *proposed amendments that were not ratified.*

II. THE TRANSLATION INTO SPANISH.

The version of the Constitution I have used as the original for this Spanish translation is the handwritten transcription by **Jacob Shallus**, the original of which is kept in the ***National Archives Building*** in Washington, while the version of the Declaration of Independence is the one found in the ***National Archives and Records Administration***.

In order to make these translations, I have had to use **multiple resources** and **tools** offered by *the Internet*, for which I would like to express my gratitude to:

  - Wordreference.
  - Linguee and DeepL.
  - Google.
  - Cornell Law School.
  - The U.S. National Archives and Records Administration.

I. ORDENAR LA LEGISLACIÓN PARA UNA MEMORIZACIÓN RÁPIDA, RESPETANDO SU LITERALIDAD.

Tanto en mis años de *alumno* como en los de *profesor*, siempre me llamó la atención la aparente **aridez** de la legislación en una primera lectura, cuando con un pequeño esfuerzo, lo que parece imposible de retener para la memoria, se puede convertir en un **texto claro y sintético**, perfectamente estructurado y preparado para poder ser retenido y memorizado.

Cuanto más pienso en esta pequeña *técnica*, más entiendo que su *origen* está en las **clases de *Lengua Española*** del colegio y del instituto, pues durante años tuvimos que identificar sujeto de predicado, complementos directos, indirectos y circunstanciales, etc., etc., y lo que aquí venimos a hacer no es más que **estructurar las distintas partes de la oración**, ayudando con algo de *formato* para destacar las PALABRAS CLAVE, o ~~tachando las palabras~~ cuando estamos ante negaciones, para facilitar que con un solo golpe de vista se pueda entender todo lo que nos quiere decir el artículo correspondiente. Y todo ello respetando la **literalidad** de la norma y el **orden** en el que están dichas las cosas en el texto legal.

Esta forma realmente *mágica* de presentar la información:
- reduce drásticamente la **dificultad** de comprensión,
- ahorra **tiempo** de estudio y
- mejora de forma inimaginable la **memorización** de la legislación y,
- en conclusión,
    - hace la **vida** del estudiante mucho más fácil, y
    - lo convierte en un *profesional del estudio* mucho más **eficaz**.

En este libro aplico dicha técnica a la ***Declaración de Independencia*** y a la ***Constitución de los Estados Unidos***, que incluye la *Declaración de Derechos (Bill of Rights)* y resto de *Enmiendas*. En esta segunda edición, además de mejorar el *"formato"*, añado las *Enmiendas propuestas no ratificadas*.

II. LA TRADUCCIÓN AL ESPAÑOL.

La versión de la Constitución que he tomado como original para realizar esta traducción al español es la transcripción de la misma escrita a mano por **Jacob Shallus**, y cuyo original se guarda en el ***National Archives Building*** en Washington, mientras que la versión de la Declaración de Independencia es la que se encuentra en el ***National Archives and Records Administration***.

Para poder hacer estas traducciones, he tenido que utilizar **múltiples recursos** y **herramientas** que ofrece *Internet*, por lo que querría agradecer expresamente su ayuda a:

- Wordreference.
- Linguee y DeepL.
- Google.
- Cornell Law School.
- The U.S. National Archives and Records Administration.

- USConstitution.net.
  - ThoughtCo.
- UShistory.org.
  - National Constitution Center.
  - Liberty Fund.
  - Diputados.gob.mx.
  - Wikipedia.

As these are legal texts, I have attempted, in this order,

    - maintain the **literal meaning** of the original text,

    - use **legal terms** in Spanish that are comparable to those used in the original texts, and ultimately,

    - to ensure that the translation *sounds* as good as any rule written in our language.

III. ADDITIONAL INFORMATION.

Throughout the text, I have included certain information in *italics* for educational purposes, such as the **names** of *articles* and *sections*, which **do not** appear in the original documents but are vitally helpful for those who want to learn the articles by heart or even simply find information more quickly in the index. Similarly, throughout the texts, *I number classifications* in italics, or include *examples* of what the texts say, all with the aim of making the reading more enjoyable and instructive.

I will try to continue producing useful material for students or interested parties, and if you would like to make any comments, or even point out any *errors*, which I would appreciate in advance, you can contact me through the following networks:

    - https://www.facebook.com/ricardo.duran.520562
    - https://www.instagram.com/ricardo_duran_r/

Ricardo José Durán Rodríguez

- USConstitution.net.
- ThoughtCo.
- UShistory.org.
- National Constitution Center.
- Liberty Fund.
- Diputados.gob.mx.
- Wikipedia.

Como textos legales que son, he intentado, y por este orden,
- mantener la **literalidad** del texto original,
- usar los **términos legales** que son equiparables en español a los usados en los textos originales, y en definitiva,
- conseguir que la traducción *suene* tan bien como cualquier norma escrita en nuestra lengua.

III. INFORMACIÓN COMPLEMENTARIA.

A lo largo del texto, he incluido en *cursiva* cierta información con intención pedagógica, como los **nombres** de los *artículos* y de las *secciones*, que en los documentos originales **no** aparecen, pero que son de vital ayuda para el que quiera aprender los artículos de memoria o incluso simplemente encontrar la información más rápidamente en el índice. Igualmente, a lo largo de los textos *numero clasificaciones* en cursiva, o incluyo algún *ejemplo* de lo que dicen los textos, todo con el objeto de que la lectura sea más amena e instructiva.

Intentaré seguir produciendo material útil para los estudiantes o personas interesadas, y si queréis hacerme cualquier comentario, incluso avisarme de algún *error*, que os agradezco de antemano, podéis contactar conmigo a través de las redes:

- https://www.facebook.com/ricardo.duran.520562
- https://www.instagram.com/ricardo_duran_r/

Ricardo José Durán Rodríguez

THE DECLARATION OF INDEPENDENCE

DECLARACIÓN DE INDEPENDENCIA

The Declaration of Independence is the pronouncement adopted by the **Second Continental Congress** (1775-1781) to end relations between
- the _thirteen American colonies_ and
- the _United Kingdom_.

It was
- made between **June** and **July 1776**, and
- ratified on **July 4** of that same year.

DECLARATION OF INDEPENDENCE.

IN CONGRESS, JULY 4, 1776

THE UNANIMOUS DECLARATION OF THE THIRTEEN UNITED STATES OF AMERICA

When in the Course of human events it becomes _necessary_ for one people
- to **dissolve** the political bands which have connected them with another and
- to **assume**
    among the powers of the earth,
        the
            -_separate_ and
            - _equal_
                station to which the _Laws_
                    - of _Nature_ and
                    - of _Nature's God_
                        entitle them,
                            a decent respect to the opinions of mankind requires that they should declare the **CAUSES** which impel them to the separation.

We hold these **TRUTHS** to be self-evident,
- that all men are created **equal**,
- that they are endowed by their Creator with certain **unalienable Rights**,
- that among these are
    - _Life_,
    - _Liberty_ and
    - the pursuit of _Happiness_.
- That to secure these rights, Governments are instituted among Men,
    deriving their just powers from the **consent of the governed**,
- That whenever any Form of Government becomes destructive of these ends, it is the **Right of the People**
        - to alter or
        - to abolish
            it, and
        - to institute **new Government**,

18

La *Declaración de Independencia* es el pronunciamiento adoptado por el **Segundo Congreso Continental** *(1775-1781)* de poner fin a las relaciones entre
- las <u>trece colonias americanas</u> y
- el <u>Reino Unido</u>.

Fue
- <u>elaborada</u> entre **junio** y **julio** de **1776**, y
- <u>ratificada</u> el **4 de julio** de ese mismo año.

DECLARACIÓN DE INDEPENDENCIA.

EN EL **CONGRESO**, A **4 DE JULIO DE 1776**

LA DECLARACIÓN UNÁNIME DE LOS TRECE ESTADOS UNIDOS DE AMÉRICA.

Cuando en el transcurso de los eventos humanos se hace *necesario* para un pueblo
- **disolver** los lazos políticos que lo han conectado con otro y
- **asumir**
    entre los poderes de la Tierra,
      la **posición**
        - *separada* e
        - *igual*
          que las Leyes
            - de la Naturaleza y
            - del Dios de la Naturaleza
              les da derecho,
                un decente respeto a las opiniones de la humanidad requiere que declaren las **CAUSAS** que le impelen a la separación.

Mantenemos estas **VERDADES** como obvias,
- que todos los hombres han sido creados **iguales**,
- que han sido dotados por su Creador de ciertos **derechos inalienables**,
- que entre estos están
    - la *vida,*
    - la *libertad* y
    - la búsqueda de la *felicidad.*
- Que para asegurar estos derechos, los <u>Gobiernos</u> son instituidos entre los Hombres, derivando sus justos poderes del **consentimiento de los gobernados**,
- Que siempre que una Forma de Gobierno se vuelve <u>destructiva</u> de estos fines, es **Derecho del Pueblo**
    - <u>alterarlo</u> o
    - <u>abolirlo</u>, e
    - instituir un **nuevo Gobierno,**

- laying its foundation on such principles and
- organizing its powers in such form,
  as to them shall seem most likely to effect their
   - *Safety* and
   - *Happiness*.

Prudence, indeed, will dictate that Governments long established **should not be changed** for
  - *light* and
  - *transient*
   causes; and
accordingly all experience hath shewn *(shown)* that mankind are more disposed
  - to *suffer*, while evils are sufferable
  - than to *right* themselves by abolishing the forms to which they are accustomed.
But when a long train of
  - *abuses* and
  - *usurpations*,
   pursuing invariably the same Object
    evinces a design to reduce them under **absolute Despotism**,
     - it is their *right*,
     - it is their *duty*,
      - to ***throw off such Government***, and
      - to provide ***new Guards*** for their future security.
- Such has been the patient *sufferance* of these Colonies; and
- such is now the *necessity* which constrains them to alter their former Systems of Government.

The history of the present King of Great Britain *(George III)* is a history of repeated
  - ***injuries*** and
  - ***usurpations***,
   all having in direct object the establishment of an **absolute *Tyranny*** over these
States.

To prove this, let **FACTS** be submitted to a candid world.

1 - He has refused his Assent to **Laws**,
  the most
   - *wholesome* and
   - *necessary*
    for the public good.

2 - He has forbidden his **Governors** to **pass Laws** of
  - *immediate* and
  - *pressing*
   importance,
    unless suspended in their operation till *his Assent* should be obtained;
    and when so *suspended*,
     he has ***utterly neglected to attend*** to them.

3 - He has refused to pass other **Laws** for the **accommodation of large districts of people**,
   unless those people would ***relinquish*** the ***right of Representation*** in the
Legislature,

- poniendo sus cimientos es estos principios y
- organizando sus poderes en tal manera,
como a ellos les parezca más probable que logren su
- *Seguridad* y
- *Felicidad*.

La prudencia, sin duda, dictará que los Gobiernos largamente establecidos **no deberían cambiar** por *causas*
- *ligeras* y
- *transitorias*; y

de acuerdo con esto toda experiencia ha demostrado que la humanidad está más dispuesta
- a *sufrir*, mientras los males sean sufribles
- que a *rectificar* aboliendo las formas a las que están acostumbrados.

Pero cuando una larga serie de
- *abusos* y
- *usurpaciones*,
persiguiendo invariablemente el mismo objeto
evidencia un designio de reducirlos bajo un **Despotismo absoluto**,
- es su *derecho*,
- es su *deber*,
- **echar a ese Gobierno**, y
- proveer **nuevos Guardianes** de su futura seguridad.

- Tal ha sido el paciente *aguante* de estas Colonias; y
- tal es ahora la *necesidad* que las constriñe a alterar su antiguo Sistema de Gobierno.

La historia del presente Rey de Gran Bretaña *(Jorge III)* es una historia de repetidas
- *injurias* y
- *usurpaciones*,
teniendo todas como objetivo directo el establecimiento de una *Tiranía* **absoluta** sobre estos Estados.

Para probar esto, dejemos que los **HECHOS** sean presentados a un mundo sincero

1 - Se ha negado a dar su aprobación a las **Leyes**,
lo más
- *sano* y
- *necesario*
para el bien público

2 - Ha prohibido a sus **Gobernadores aprobar leyes** de
- *inmediata* y
- *urgente*
importancia,
a menos que sea suspendida su eficacia hasta que se obtenga *su aprobación*;
y cuando así se ha *suspendido*,
ha *olvidado por completo prestarles atención*.

3 - Se ha negado a aprobar otras **leyes** para el **alojamiento de grandes distritos de gente**,
a menos que esa gente *rehúse* al **derecho de representación** en la Asamblea Legislativa,

21

a right
- *inestimable* to them and
- *formidable* to tyrants only.

4 - He has *called together* **legislative bodies** at *places*
- *unusual,*
- *uncomfortable,* and
- *distant* from the depository of their Public Records,
for the sole purpose of *fatiguing* them into compliance with his measures.

5 - He has **dissolved Representative Houses** repeatedly,
for opposing with manly firmness his invasions on the rights of the people.

6 - He has refused for a long time,
after such dissolutions,
to cause **others** to **be elected,**
whereby the Legislative Powers,
incapable of Annihilation,
have **returned to the People** at large for their exercise;
the State remaining in the mean time *exposed* to all the dangers of
- *invasion* from *without,* and
- *convulsions within.*

7 - He has endeavoured *(endeavored)* to **prevent** the **population** of these States;
for that purpose
- obstructing the *Laws for Naturalization* of Foreigners;
- refusing to *pass others* to encourage their migrations hither, and
- raising the conditions of *new Appropriations of Lands.*

8 - He has obstructed the **Administration of Justice**
by refusing his Assent to Laws for establishing Judiciary Powers.

9 - He has made **Judges** dependent on his Will alone for
- the *tenure* of their *offices,* and
- the
- *amount* and
- *payment*
of their *salaries.*

10 - He has
- *erected* a multitude of **New Offices,** and
- *sent* hither swarms of **Officers** to
- *harass* our people and
- *eat out* their substance.

11 - He has kept among us,
in times of peace,
Standing Armies
without the ~~Consent~~ of our legislatures.

un derecho
- *inestimable* para ellos y
- *temible* sólo para los tiranos.

4 - Ha *convocado* a los **órganos legislativos** en *lugares*
- *inusuales,*
- *incómodos,* y
- *distantes* del lugar de depósito de sus registros públicos
con el único propósito de *fatigarlos* en el cumplimiento de sus medidas.

5 - Ha **disuelto** las **Cámaras Representativas** repetidamente,
por oponerse con firmeza varonil a sus violaciones de los de los derechos del pueblo.

6 - Se ha negado por largo tiempo,
después de tales disoluciones,
a hacer que **otras** sean **elegidas,**
conforme a lo cual, los poderes legislativos,
incapaces de aniquilación,
han *vuelto al Pueblo* sin limitaciones para su ejercicio;
el Estado permanece, mientras tanto, *expuesto* a todos los peligros de
- *invasión* externa, y
- *convulsiones* en el *interior.*

7 - Se ha esforzado en **evitar** la **colonización** de estos Estados;
con ese propósito
- obstruye las *Leyes de Naturalización* de Extranjeros;
- se niega a *aprobar otras* que alienten sus migraciones aquí, y
- eleva las condiciones de *nuevas apropiaciones de tierras.*

8 - Ha obstruido la **Administración de Justicia,**
negando su aprobación a las Leyes destinadas a establecer un Poder Judicial.

9 - Ha hecho que los **Jueces** dependan sólo de su sola voluntad para mantener
- la *titularidad* de sus cargos, y
- la
- *cantidad* y
- *pago*
de sus salarios.

10 - Ha
- *levantado* una multitud de **nuevas oficinas,** y
- *enviado* enjambres de **oficiales** para
- *hostigar* a nuestra gente y
- *comer* su sustancia.

11 - Ha mantenido entre nosotros,
en tiempos de paz,
ejércitos permanentes
sin el ~~consentimiento~~ de nuestras Asambleas Legislativas.

12 - He has affected to render the **Military**
- *independent* of and
- *superior* to
the *Civil Power*.

13 - He has combined with others to subject us to a **jurisdiction**
- *foreign* to our constitution, and
- *unacknowledged* by our laws;
giving his Assent to their Acts of pretended Legislation:

14 - For quartering large bodies of **armed troops** among us:

15 - For **protecting** them,
by a *mock Trial*
from punishment for any **Murders** which they should commit on the
Inhabitants of these States:

16 - For cutting off our **Trade** with all parts of the world:

17 - For imposing **Taxes** on us
without our Consent:

18 - For depriving us
in many cases,
of the benefit of Trial by **Jury**:

19 - For *transporting* us beyond Seas to be **tried** for **pretended offences**:

20 - For **abolishing** the free System of **English Laws** in a **neighbouring** *(neighboring)*
Province,
- establishing therein an Arbitrary government, and
- enlarging its Boundaries
so as to render it at once an
- example and
- fit instrument
for *introducing* the same *absolute rule* into these Colonies

21 - For
- taking away our **Charters**,
- abolishing our most valuable **Laws** and
- altering fundamentally the **Forms of our Governments**:

22 - For
- suspending our **own Legislatures**, and
- declaring themselves invested with power to **legislate for us** in all cases
whatsoever.

23 - He has **abdicated Government** here,
by
- declaring us out of his Protection and
- waging War against us.

24

12 - Ha influido para hacer a las **Fuerzas Armadas**
- *independientes* y
- *superiores*
al *Poder Civil*.

13 - Se ha puesto de acuerdo con otros para someternos a una **jurisdicción**
- *extraña* a nuestra Constitución, y
- *no reconocida* por nuestras leyes;
dando su aprobación a sus actos de fingida legislación:

14 - Por acuartelar grandes cuerpos de **tropas armadas** entre nosotros:

15 - Por **protegerlos**,
mediante un *juicio fingido,*
del castigo por cualquier **asesinato** que cometan de los habitantes de estos
Estados:

16 - Por cortar nuestro comercio con todas las partes del mundo:

17 - Por imponer **impuestos** sobre nosotros
sin nuestro consentimiento:

18 - Por privarnos
en muchos casos,
del beneficio de un juicio con **jurado**:

19 - Por *transportarnos* allende los mares para ser **juzgados de falsos delitos**:

20 - Por **abolir** el libre sistema de **leyes inglesas** en una **Provincia vecina,**
- estableciendo allí un gobierno arbitrario, y
- agrandando sus fronteras
para convertirlo al instante en un
- ejemplo y
- adecuado instrumento
para *introducir* el mismo *gobierno absoluto* en estas Colonias

21 - Por
- quitarnos nuestras **Cartas Constitucionales**,
- abolir nuestras más valiosas **Leyes** y
- alterar fundamentalmente las **formas de nuestros Gobiernos**:

22 - Por
- suspender nuestras propias **Asambleas Legislativas**, y
- declararse ellos mismos investidos del poder de **legislar por nosotros** en todos
los casos.

23 - Ha **abdicado** de su **gobierno** en estas tierras,
al
- declararnos fuera de su protección y
- librar una guerra contra nosotros.

25

24 - He has
- plundered our **seas**,
- ravaged our **coasts**,
- burnt our **towns**, and
- destroyed the **lives** of our people.

25 - He is at this time transporting large **Armies of foreign Mercenaries** to compleat *(complete)* the works of
- death,
- desolation, and
- tyranny,
already begun with circumstances of
- *Cruelty* &
- *Perfidy*
- *scarcely paralleled* in the *most barbarous ages*, and
- totally *unworthy* the Head of a *civilized nation*.

26 - He has **constrained** our fellow Citizens taken **Captive** on the **high Seas**
- to bear *Arms against their Country*,
- to become the executioners of their
- *friends* and
- *Brethren*, or
- to *fall* themselves by their Hands.

27 - He
- has excited **domestic insurrections** amongst us, and
- has endeavoured *(endeavored)* to bring on the inhabitants of our frontiers, the merciless **Indian Savages**
whose known rule of warfare, is an undistinguished destruction of all
- *ages*,
- *sexes* and
- *conditions*.

In every stage of these Oppressions
- We have Petitioned for **Redress** in the most humble terms:
Our repeated Petitions have been answered only by **repeated injury**.
A Prince,
*whose character is thus marked by every act which may define a **Tyrant**,*
is **unfit** to be the ~~ruler~~ of a free people.

- Nor have We been wanting in **attentions to our British brethren**.
- We have warned them from time to time of attempts by their legislature to extend an **unwarrantable jurisdiction** over us.
- We have reminded them of the circumstances of our
- **emigration** and
- **settlement**
here.
- We have appealed to their native
- **justice** and
- **magnanimity**, and

24 - Ha
- saqueado nuestros **mares,**
- asolado nuestras **costas,**
- quemado nuestras **ciudades,** y
- destruido las **vidas** de nuestro pueblo.

25 - Está en este momento transportando grandes **ejércitos de mercenarios extranjeros** para completar los trabajos de
- muerte,
- desolación, y
- tiranía,
ya empezados con circunstancias de
- *crueldad* y
- *tiranía*
- *difícilmente igualadas* en las *eras más bárbaras*, y
- totalmente *indignas* de la cabeza de una *nación civilizada*.

26 - Ha **obligado** a nuestros conciudadanos **capturados** en **alta mar** a
- llevar *armas contra su país*,
- convertirse en *ejecutores* de sus
- *amigos* y
- *hermanos*, o
- *caer* a sus manos.

27 - Él
- ha excitado **insurrecciones domésticas** entre nosotros, y
- se ha esforzado por traer sobre los habitantes de nuestras fronteras a los despiadados **Indios salvajes**
cuya conocida regla de guerra, es una indiscriminada destrucción de todas las
- edades,
- sexos y
- condiciones.

En cada etapa de estas opresiones
- hemos pedido una **rectificación** en los más humildes términos:
Nuestras repetidas peticiones han sido respondidas sólo por **repetidas injurias.**
Un príncipe,
cuyo carácter está así marcado por cada acto que puede definirse como un
Tirano,
es **indigno** de ser el ~~soberano~~ de un pueblo libre.

- Ni hemos sido cicateros en **atenciones hacia nuestros hermanos británicos.**
- Les hemos *advertido* de tiempo en tiempo de los intentos de su Asamblea Legislativa de extender una **injustificable jurisdicción** sobre nosotros.
- Les hemos *recordado* las circunstancias de nuestra
- **emigración** y
- **asentamiento**
aquí.
- Hemos *apelado* a su innata
- **justicia** y
- **magnanimidad,** y

- we have *conjured* them by the ties of our **common kindred** to **disavow** these usurpations,
>> which would inevitably *interrupt* our
>>> - connections and
>>> - correspondence.

They too have been **deaf** to the voice
> - of *justice* and
> - of *consanguinity*.

We must, therefore,
> - *acquiesce* in the necessity,
>> which denounces our Separation, and
> - *hold* them,
>> as we hold the rest of mankind,
>>> - Enemies in War,
>>> - in Peace Friends.

We, *therefore*, the Representatives of the united States of America,
> in General Congress,
> Assembled,
> *appealing to the Supreme Judge of the world for the rectitude of our intentions,*
>> do,
>>> - *in the Name, and*
>>> - *by Authority*
>>>> *of the good People of these Colonies,*
>>>>> solemnly
>>>>>> - **publish** and
>>>>>> - **declare,**

1- That these united Colonies
>>> - *are*, and
>>> - of Right *ought to be*
>>>> - **Free** and
>>>> - **Independent**
>>>> **States,**

2- that they are Absolved from all Allegiance to the ~~British Crown~~, and

3- that all ~~political connection~~ between
>>> - them and
>>> - the ~~**State of Great Britain**~~,
>>>> - *is* and
>>>> - *ought to be*
>>>>> totally dissolved; and

4- that
>> *as*
>>> - *Free and*
>>> - *Independent*
>>> *States,*
>>>> they have **full Power**
>>>>> - to
>>>>>> - levy **War,**
>>>>>> - conclude **Peace,**
>>>>>> - contract **Alliances,**

- los hemos *implorado* por los lazos de nuestro **común parentesco** que **rechacen** estas usurpaciones,

        que inevitablemente *interrumpirían* nuestras

            - *conexiones* y

            - *correspondencia.*

- Ellos también han estado **sordos** a la voz

    - de la *justicia* y

    - de la *consanguinidad.*

Debemos, por lo tanto,

    - *aceptar* la necesidad,

        que delata nuestra separación, y

- *considerarlos,*

        como consideramos al resto de la humanidad,

            - enemigos en la guerra;

            - en la paz, amigos.

Nosotros, *por tanto*, los <u>Representantes de los Estados Unidos de América</u>,

en Congreso General,

reunidos,

    apelando al Juez Supremo del mundo por la rectitud de nuestras intenciones,

    en el nombre, y

        por la autoridad

            de la buena gente de estas Colonias,

        solemnemente

            - **publicamos** y

            - **declaramos**

1 - que <u>estas Colonias unidas</u>

    - son, y

    - por derecho deben serlo,

        Estados

        - **libres** e

        - **independientes**

2 - que están exonerados de toda ~~lealtad~~ a la ~~Corona Británica~~, y

3 - que toda ~~conexión política~~ entre

    - ellos y

    - el ~~**Estado de Gran Bretaña**~~,

      - *es* y

      - *debería ser*

        totalmente disuelta; y

4 – que

    como Estados

    - *libres* e

    - *independientes*

        tienen pleno poder para

            - declarar la **guerra.**,

            - concluir la **paz**,

            - contraer **alianzas**,

　　　　　　- establish **Commerce**, and
　　　　- to do **all other**
　　　　　　- Acts and
　　　　　　- Things
　　　　　　　　which *Independent States* may of right do.

- And for the support of this Declaration,
　　with a firm reliance on the protection of Divine Providence,
　　　　we mutually **pledge** to each other
　　　　　　- our Lives,
　　　　　　- our Fortunes, and
　　　　　　- our sacred Honor.

New Hampshire:
Josiah Bartlett,
William Whipple,
Matthew Thornton

Massachusetts:
John Hancock,
Samuel Adams,
John Adams,
Robert Treat Paine,
Elbridge Gerry

Rhode Island:
Stephen Hopkins,
William Ellery

Connecticut:
Roger Sherman,
Samuel Huntington,
William Williams,
Oliver Wolcott

New York:
William Floyd,
Philip Livingston,
Francis Lewis,
Lewis Morris

New Jersey:
Richard Stockton,
John Witherspoon,
Francis Hopkinson,
John Hart,
Abraham Clark

- establecer **comercio**, y
- cualquier **otro**
  - acto o
  - cosa
    que los Estados Independientes tengan derecho a hacer.

- Y para el apoyo de esta Declaración,
  con una firme confianza en la protección de la Divina Providencia,
    comprometemos mutuamente
      - nuestras vidas,
      - nuestro destino, y
      - nuestro sagrado honor.

New Hampshire:
Josiah Bartlett,
William Whipple,
Matthew Thornton

Massachusetts:
John Hancock,
Samuel Adams,
John Adams,
Robert Treat Paine,
Elbridge Gerry

Rhode Island:
Stephen Hopkins,
William Ellery

Connecticut:
Roger Sherman,
Samuel Huntington,
William Williams,
Oliver Wolcott

Nueva York:
William Floyd,
Philip Livingston,
Francis Lewis,
Lewis Morris

Nueva Jersey:
Richard Stockton,
John Witherspoon,
Francis Hopkinson,
John Hart,
Abraham Clark

Pennsylvania:
Robert Morris,
Benjamin Rush,
Benjamin Franklin,
John Morton,
George Clymer,
James Smith,
George Taylor,
James Wilson,
George Ross

Delaware:
Caesar Rodney,
George Read,
Thomas McKean

Maryland:
Samuel Chase,
William Paca,
Thomas Stone,
Charles Carroll of Carrollton

Virginia:
George Wythe,
Richard Henry Lee,
Thomas Jefferson,
Benjamin Harrison,
Thomas Nelson,
Jr., Francis Lightfoot Lee,
Carter Braxton

North Carolina:
William Hooper,
Joseph Hewes,
John Penn

South Carolina:
Edward Rutledge,
Thomas Heyward,
Jr., Thomas Lynch,
Jr., Arthur Middleton

Georgia:
Button Gwinnett,
Lyman Hall,
George Walton

Pennsylvania:
Robert Morris,
Benjamin Rush,
Benjamin Franklin,
John Morton,
George Clymer,
James Smith,
George Taylor,
James Wilson,
George Ross

Delaware:
Caesar Rodney,
George Read,
Thomas McKean

Maryland:
Samuel Chase,
William Paca,
Thomas Stone,
Charles Carroll of Carrollton

Virginia:
George Wythe,
Richard Henry Lee,
Thomas Jefferson,
Benjamin Harrison,
Thomas Nelson,
Jr., Francis Lightfoot Lee,
Carter Braxton

North Carolina:
William Hooper,
Joseph Hewes,
John Penn

South Carolina:
Edward Rutledge,
Thomas Heyward,
Jr., Thomas Lynch,
Jr., Arthur Middleton

Georgia:
Button Gwinnett,
Lyman Hall,
George Walton

CONSTITUTION OF
THE UNITED STATES

CONSTITUCIÓN DE LOS ESTADOS UNIDOS

GENERAL DATA.

The **CONSTITUTIONAL CONVENTION** took place in **Philadelphia**
- from *May 25*
- to *September 17,*
  1787, and
the result of his work was the creation of the **CONSTITUTION** of the **UNITED STATES**,
whose **creation date** is precisely *September 17, 1787*.

The Constitution
- was **ratified** on *June 21, 1788*, and
- entered into **force** on *March 4, 1789*.

The *Constitution* consists of
- a **preamble**,
- **7 articles** and
- **27 amendments**,
  forming the first 10 what is known as the ***Bill of Rights***.

> *Note: The Preamble does **not** receive this **name** in the Constitution itself, so I put it in **italics**.*
> *Likewise, as I pointed out in the Introduction to this book, the **articles** and **sections** do not have a ~~name~~ in the original documents, but I have included and italicized them for pedagogical purposes.*

The PREAMBLE.

We the People of the United States,
  in Order to
    1 - form a more **perfect Union**,
    2 - establish **Justice**,
    3 - insure **domestic Tranquility**,
    4 - provide for the **common defence** *(defense)*,
    5 - promote the **general Welfare**, and
    6 - secure the Blessings of **Liberty** to
      - ourselves and
      - our Posterity,
        do
          - *ordain* and
          - *establish*
            this ***CONSTITUTION*** for the United States of America.

36

La **CONVENCIÓN CONSTITUCIONAL** tuvo lugar en **Filadelfia**
- del *25 de mayo*
- al *17 de septiembre*
  de **1787**, y
el resultado de su trabajo fue la creación de la **CONSTITUCIÓN DE LOS ESTADOS UNIDOS**
  cuya **fecha de creación** es precisamente la del *17 de septiembre de 1787.*

La Constitución
- fue **ratificada** el 21 de junio de 1788, y
- entró en **vigor** el 4 de marzo de **1789.**

La *Constitución* consta de
- un **preámbulo,**
- **7 artículos** y
- **27 enmiendas,**
  formando las 10 primeras lo que se conoce como **DECLARACIÓN DE DERECHOS** *(Bill of Rights).*

> *Nota: El Preámbulo no recibe este nombre en la propia Constitución, por lo que lo pongo en* **cursiva.**
> *Igualmente, tal como señalé en la Introducción de este libro, los* **artículos** *y* **secciones** *no llevan un* ~~nombre~~ *en los documentos originales, pero yo se los he incluido y puesto en* **cursiva** *con fines pedagógicos.*

Nosotros, el Pueblo de los Estados Unidos,
  de cara a
  1 – formar una más **perfecta unión,**
  2 – establecer la **justicia,**
  3 – asegurar la **tranquilidad doméstica,**
  4 – proveer a la **defensa común,**
  5 – promover el **bienestar general,** y
  6 – asegurar las bendiciones de la **libertad** para
      - nosotros y
      - nuestra posteridad,
          - *ordenamos* y
          - *establecemos*
              esta *CONSTITUCIÓN* para los Estados Unidos de América.

Article I. *The LEGISLATIVE BRANCH.*

Section 1. *The CONGRESS.*

All legislative Powers herein granted shall be vested in a **CONGRESS** of the United States, which shall consist of a
- **Senate** and
- **House of Representatives**.

Section 2. *The HOUSE of REPRESENTATIVES.*

- The **HOUSE of REPRESENTATIVES** shall be **composed** of Members chosen *every second Year* by the People of the several States, and
- the Electors in each State shall have the *Qualifications requisite* for Electors of the most numerous Branch of the State Legislature.

No Person shall be a **Representative**
- who shall not have
    - attained to the Age of *twenty five Years (25)*, and
    - been *seven Years (7)* a Citizen of the United States, and
- who shall not, when elected, be an **Inhabitant of that State** in which he shall be chosen.

- **Representatives** and
- **direct Taxes**
shall be apportioned among the several States which may be included within this Union,
according to their *respective Numbers*,
which shall be determined by adding
1 - to the whole Number of **free Persons**,
- including those *bound to Service* for a Term of Years, and
- excluding *Indians not taxed*,
2 - **three fifths** *(3/5)* of all other Persons.

Note: This part within the dotted box was affected by later Amendments as follows:
► *The phrase "three fifths of all other Persons" was first rendered moot by the **13th Amendment** (1865), which abolished slavery, and was later formally superseded by Section 2 of the **14th Amendment** (1868), which redefined apportionment to count "the whole number of persons in each State."*
► *The part stating that "direct Taxes shall be apportioned..." was modified by the **16th Amendment** (1913), which authorizes Congress to levy an income tax without apportioning it among the states according to population.*

The actual Enumeration shall be made
- within *three Years (3)* after the *first Meeting* of the Congress of the United States, and
- within every subsequent Term of *ten Years (10)*,

Artículo I. El *PODER LEGISLATIVO*.

Sección 1. El *CONGRESO*.

Todos los <u>Poderes Legislativos</u> aquí garantizados serán conferidos a un **CONGRESO** de los Estados Unidos, que consistirá en
- un **Senado** y
- una **Cámara de Representantes**.

Sección 2. La *CÁMARA de REPRESENTANTES*.

- La **CÁMARA** de **REPRESENTANTES** estará **compuesta** por miembros elegidos *cada 2 años* por el pueblo de los distintos Estados, y
- los <u>electores</u> en cada Estado tendrán los *requisitos exigidos* para los electores de la rama más numerosa de la Asamblea Legislativa del Estado.

Ninguna persona será **Representante**
- si no ha alcanzado la edad de *25 años*, y
- si no ha sido *7 años* ciudadano de los Estados Unidos, y
- si no ha sido, al tiempo de ser elegido, **habitante de ese Estado** en que será elegido.

- Los *Representantes (Diputados)* y
- los *impuestos directos*
      serán <u>repartidos</u> entre los distintos **Estados** que puedan ser incluidos en esta Unión,
          de acuerdo a su *respectivos números (su respectiva población)*,
          que serán determinados añadiendo
          1 - al número total de *personas libres*,
             - incluyendo las *obligadas a prestar servicio* por un término de años, y
             - excluyendo *indios* no sujetos al pago de impuestos,
          2 - las *tres quintas (3/5)* partes de todas las personas restantes.

> **Nota:** Esta parte *con recuadro punteado* fue afectada por Enmiendas posteriores de la siguiente manera:
> ▶*La frase "tres quintas partes de todas las personas restantes"* quedó primero sin efecto por la **13ª Enmienda** *(1865)*, que abolió la esclavitud, y fue después reemplazada formalmente por la Sección 2 de la **14ª Enmienda** *(1868)*, que redefinió el reparto de la representación para contar *"el número total de personas en cada Estado"*.
> ▶*La parte que establece que "los impuestos directos serán repartidos..." fue modificada por la* **16ª Enmienda** *(1913), que autoriza al Congreso a establecer un impuesto sobre la renta sin necesidad de distribuirlo entre los estados según su población.*

El recuento real se hará
      - dentro de los *3 años* a contar desde la *primera reunión* del <u>Congreso</u> de los Estados Unidos, y
      - en cada siguiente periodo de *10 años*,

in such Manner as they shall by _Law_ direct.

The **Number of Representatives** shall not ~~exceed~~ *one for every thirty Thousand (1/30.000)*, but **each State** shall have at Least *one* Representative; and until such enumeration shall be made, the State of
- New Hampshire shall be entitled to chuse *(choose)* three *(3)*,
- Massachusetts eight *(8)*,
- Rhode-Island and Providence Plantations one *(1)*,
- Connecticut five *(5)*,
- New-York six *(6)*,
- New Jersey four *(4)*,
- Pennsylvania eight *(8)*,
- Delaware one *(1)*,
- Maryland six *(6)*,
- Virginia ten *(10)*,
- North Carolina five *(5)*,
- South Carolina five *(5)*, and
- Georgia three *(3)*.

When **vacancies** happen in the Representation from any State,
    the Executive Authority thereof shall issue *Writs of Election* to fill such Vacancies.

The House of Representatives
- shall **chuse** *(choose)*
  - their *Speaker* and
  - other *Officers*;
- and shall have the sole Power of **Impeachment**.

Section 3. *The SENATE.*

▶ The **SENATE** of the United States shall be composed of *two (2)* **Senators from each State**,
    chosen by the Legislature thereof,
      for *six (6) Years*; and
▶ each Senator shall have **one Vote**.

---

*Note: This part within the dotted box was superseded by the **17th Amendment**, which replaced the selection of senators by state legislatures with **direct popular election**.*

Immediately *after* they shall be assembled in Consequence of the *first Election*,
    they shall be **divided** as equally as may be into *three Classes*.
The Seats of the Senators
    1 - of the *first Class* shall be vacated at the Expiration of the *second Year*,
    2 - of the *second Class* at the Expiration of the *fourth Year*, and
    3 - of the *third Class* at the Expiration of the *sixth Year*,
      so that one third *(1/3)* may be chosen *every second (2) Year*;

de la manera que indique la *ley*.

El **número de Representantes** no ~~excederá~~ de ***uno por cada treinta mil (1/30.000)*** *habitantes,* pero **cada Estado** tendrá al menos **un** Representante; y hasta que ese recuento esté hecho, el Estado de
- New Hampshire podrá elegir *3*,
- Massachusetts *8*,
- Rhode-Island y Providence Plantations *1*,
- Connecticut *5*,
- Nueva-York *6*,
- New Jersey *4*,
- Pennsylvania *8*,
- Delaware *1*,
- Maryland *6*,
- Virginia *1*,
- Carolina del Norte *5*,
- Carolina del Sur *5*, y
- Georgia *3*.

Cuando haya **vacantes** en la representación de cualquier Estado,
  la Autoridad Ejecutiva del mismo expedirá un ***decreto convocando elecciones*** para cubrir tales vacantes.
  La Cámara de Representantes
  - **elegirá** a
    - su *Presidente* y
    - otros *funcionarios*; y
  - tendrá el poder exclusivo en los **juicios políticos de destitución**.

Sección 3. *El SENADO.*

▶ El **SENADO** de los Estados Unidos estará compuesto por *2* **Senadores de cada Estado,**
  elegidos por la Asamblea Legislativa del mismo,
    por *6 años*; y
▶ cada Senador tendrá **un voto**.

> ***Nota***: *La parte con recuadro punteado fue modificada por la* ***17ª*** ***Enmienda***. *La enmienda reemplazó la elección de senadores por las asambleas legislativas estatales por la* ***elección popular directa***.

Inmediatamente después de que se hayan reunido como consecuencia de la ***primera elección*,**
  se **dividirán** tan equitativamente como se pueda en *3 clases*.
  Los escaños de los Senadores
  1 – de la ***primera clase*** serán sustituidos al término del ***segundo año*,**
  2 – de la ***segunda clase*** al término del ***cuarto año*,** y
  3 – de la ***tercera clase*** al término del ***sexto año*,**
    de tal manera que un tercio *(1/3)* pueda ser elegido *cada 2 años*;

and if **Vacancies** happen
- by Resignation, or
- otherwise,
during the ***Recess*** of the Legislature of any State,
the Executive thereof may make **temporary Appointments** until the next Meeting of the Legislature, which shall then fill such Vacancies.

---

*Note: This part within the dotted box was also superseded by the **17th Amendment**. It replaced the original process for filling vacancies, detailing the modern method of **popular elections** or temporary appointments by the Governor.*

No Person shall be a **Senator**
- who shall not have
- attained to the Age of ***thirty (30) Years***, and
- been ***nine Years (9)*** a **Citizen** of the United States, and
- who shall not,
when elected,
be an ***Inhabitant*** of that State for which he shall be chosen.

The **VICE PRESIDENT** of the United States
- shall be ***President of the Senate***, but
- shall have **no ~~Vote~~**,
unless they be equally divided.

The Senate shall **chuse** *(choose)*
- their other **Officers**, and also
- a **President** *pro tempore*,
- in the Absence of the Vice President, or
- when he shall exercise the Office of President of the United States.

The Senate shall have the sole Power to try all **Impeachments**.
When sitting for that Purpose, they shall be on
- Oath or
- Affirmation.
When the ***President of the United States*** is tried, the Chief Justice shall preside:
And no Person shall be convicted without the Concurrence of ***two thirds (2/3)*** of the Members present.

Judgment in Cases of ***Impeachment*** shall not extend further than
- to removal from Office, and
- disqualification to
- *hold* and
- *enjoy*
any Office of
- ~~*honor*~~,
- ~~*Trust*~~ or
- ~~*Profit*~~
under the United States:

y si hay **vacantes**
- por renuncia, o
- por otro motivo,
   durante el *receso* de la Asamblea Legislativa de cualquier Estado,
      el Ejecutivo del mismo podrá hacer **nombramientos temporales** hasta la
siguiente reunión de la Asamblea Legislativa, que cubrirá entonces tales vacantes.

> *Nota: La parte con recuadro punteado también fue modificada por la 17ª*
> ***Enmienda****. Sustituyó el proceso original para cubrir las vacantes, detallando el*
> *método moderno de **elecciones populares** o nombramientos temporales por*
> *parte del Gobernador.*

Nadie será **Senador**
- que no
   - haya alcanzado la edad de *30 años*, y
   - haya sido *9 años* un **ciudadano** de los Estados Unidos, y
- que no sea,
   al tiempo de la elección,
      un **habitante** del Estado para el que será elegido.

El **VICEPRESIDENTE** de los Estados Unidos
- será *Presidente del Senado*, pero
- no tendrá ~~voto~~,
   salvo en caso de empate.

El Senado **elegirá**
- a sus **funcionarios**, y también
- a un **Presidente** *pro tempore*,
   - en ausencia de Vicepresidente, o
   - cuando ejerza el cargo de Presidente de los Estados Unidos.

El Senado tendrá el *poder exclusivo* de juzgar todos los **juicios políticos de destitució**n.
Cuando se reúnan para esta finalidad, estarán bajo
- juramento o
- promesa.
Cuando el *Presidente de los Estados Unidos* sea juzgado, el Presidente del Tribunal
Supremo presidirá:
Y ninguna persona será condenada sin la concurrencia de *dos tercios (2/3)* de los
miembros presentes.

La **sentencia** en casos de *juicios políticos de destitución* no se extenderá más allá que
para
- la **destitución** del cargo, y
- la **inhabilitación** para
   - *ostentar* y
   - *disfrutar*
      cualquier cargo
         - ~~honorífico~~,
         - de ~~confianza~~ o
         - ~~remunerado~~
            que dependa de los Estados Unidos:

43

but the <u>Party convicted</u> shall nevertheless be
- *liable* and
- *subject*
    to
        - <u>*Indictment*</u>,
        - <u>*Trial*</u>,
        - <u>*Judgment*</u> and
        - <u>*Punishment*</u>,
            according to <u>*Law*</u>.

Section 4. *ELECTIONS and MEETINGS.*

The
- ***Times***,
- ***Places*** and
- ***Manner***
        of holding **ELECTIONS** for
            - *Senators* and
            - *Representatives*,
                shall be prescribed in **each State** by the <u>Legislature</u> thereof;
but the <u>Congress</u> may
- *at any time*
- *by Law*
    - <u>make</u> or
    - <u>alter</u>
        such Regulations,
            <u>except</u> as to the <u>Places</u> of chusing *(choosing)* Senators.

▶ The <u>Congress</u> shall **assemble** at least ***once in every Year***, and
▶ such Meeting shall be on the ***first Monday in December***,
        <u>unless</u> they shall by <u>*Law*</u> appoint a different Day.

> *Note*: This part within the dotted box was superseded by **Section 2** of the **20th Amendment** *(1933), which changed the assembly date of Congress to* **January 3rd**.

Section 5. *RULES and PROCEDURES.*

<u>Each House</u> shall be the **Judge** of the
- ***Elections***,
- ***Returns*** and
- ***Qualifications***
        of its own **Members**, and
a *Majority* of each shall constitute a <u>Quorum</u> to do Business;
    but a <u>smaller Number</u>
            - may ***adjourn*** from day to day, and
            - may be authorized to ***compel the Attendance*** of absent Members,
                - in such *<u>Manner</u>*, and
                - under such <u>*Penalties*</u>
                    as <u>*each House*</u> may provide.

pero la <u>parte condenada</u>, no obstante,
- será *responsable* y
- estará *sujeta*

   a
- <u>*acusación*</u>
- <u>*proceso*</u>
- <u>*juicio*</u> y
- <u>*castigo*</u>,

      de acuerdo con la <u>*Ley*</u>.

Sección 4. *ELECCIONES y REUNIONES.*

Las
- *fechas*,
- *lugares* y
- *modo*

   de celebrar **ELECCIONES** para
- *Senadores* y
- *Representantes*,

      se prescribirán en **cada Estado** por su <u>Asamblea Legislativa</u>;
pero el <u>Congreso</u> puede
- *en cualquier momento*
- *por Ley*
- <u>hacer</u> o
- <u>alterar</u>

   tales regulaciones,

      <u>excepto</u> las de los <u>lugares</u> para elegir Senadores.

▶ El <u>Congreso</u> **se reunirá** al menos ***una vez al año***, y
▶ tal reunión será el ***primer lunes de diciembre***,

   a menos que por <u>*Ley*</u> fijen un día diferente.

    Nota: *La parte con recuadro punteado fue modificada por la **Sección 2** de la **20ª Enmienda** (1933), que trasladó el inicio de la sesión del Congreso al **3 de enero**.*

Sección 5. *REGLAS y PROCEDIMIENTOS.*

<u>Cada Cámara</u> será **juez** de las
- *elecciones*,
- *escrutinios* y
- *requisitos*

   de sus propios **miembros**, y
una ***mayoría*** de cada una constituirá un ***quórum*** para celebrar sesión;

   pero un <u>número menor</u>
- puede ***suspender las sesiones*** de un día para otro, y
- puede ser autorizado para ***obligar la asistencia*** de miembros ausentes
- de tal <u>*manera*</u>, y
- bajo tales <u>*penas*</u>

      como <u>cada Cámara</u> pueda estipular.

Each House may
- determine the Rules of its **Proceedings**,
- **punish** its Members for disorderly Behaviour *(behavior)*, and,
- with the Concurrence of *two thirds (2/3)*, **expel** a Member.

Each House shall
- keep a **Journal** of its Proceedings, and
- *from time to time*
  publish the same,
    excepting such Parts as may in their Judgment require Secrecy; and
- the
  - *Yeas* and
  - *Nays*
    of the Members of either House on any question shall,
      at the Desire of one fifth (1/5) of those Present,
        be entered on the Journal.

Neither House,
  during the Session of Congress,
    shall,
      without the Consent of the other,
        adjourn
          - for more than *three (3) days,* nor
          - to any *other Place* than that in which the two Houses shall be sitting.

Section 6. *COMPENSATION and PRIVILEGES.*

The
  - **Senators** and
  - **Representatives**
    shall receive a **COMPENSATION** for their Services, to be
      - ascertained by *Law,* and
      - paid out of the *Treasury* of the United States.
- They shall in all Cases,
  except
    - *Treason,*
    - *Felony* and
    - *Breach of the Peace,*
      be **PRIVILEGED FROM ARREST**
        - during their *Attendance* at the Session of their respective Houses, and
        - in
          - *going* to and
          - *returning*
            from the same; and
- for any
  - **SPEECH** or
  - *Debate*
    in either House,
      they shall **not** be ~~questioned~~ in any other Place.

Cada Cámara puede
- determinar las reglas de sus **procedimientos,**
- **castigar** a sus miembros por comportamiento inapropiado, y,
- con la concurrencia de *dos tercios (2/3)*, **expulsar** a un miembro.

Cada Cámara
- mantendrá un **Diario** de sus sesiones, y
- *de vez en cuando*
  publicará los mismos,
        excepto tales partes que puedan a su juicio requerir secreto; y
- los
  - *síes* y
  - *noes*
      de los miembros de cada Cámara,
          si lo desea un quinto (1/5) de los presentes,
              se incluirán en el Diario.

Ninguna Cámara,
- *durante la sesión del Congreso,*
- *sin el consentimiento de la otra,*
  se **suspenderá**
  - por más de *3 días* ni
    - *(para designar)* a otro lugar que a aquel en el que las dos Cámaras estén reunidas.

Sección 6. *COMPENSACIÓN y PRIVILEGIOS.*

Los
  - **Senadores** y
  - **Representantes**
      recibirán una **COMPENSACIÓN** por sus servicios, que se
      - determinará por *Ley*, y
      - pagará del *Tesoro* de los Estados Unidos.
- En todos los casos,
  excepto
    - *traición,*
    - *felonía* y
    - *perturbar el orden público*
      gozarán del privilegio de **NO SER ARRESTADOS**
      - durante su *asistencia* a la sesión de sus respectivas Cámaras, y
      - al *ir* y
      - al *volver*
          de la misma; y
por cualquier
  - **DISCURSO** o
  - *debate*
      en cualquier de las Cámaras,
          no serán ~~interpelados~~ en ningún otro lugar.

- **No**
- *Senator* or
- *Representative*,
shall,
during the Time for which he was elected,
be **appointed to ANY CIVIL OFFICE** under the Authority of the
United States, which
- shall have been created, or
- the Emoluments whereof shall have been increased
during such time; and
- **no** Person **holding any Office** under the United States, shall be a Member of either
~~House~~
during his Continuance in Office.

Section 7. *The LEGISLATIVE PROCESS.*

All **BILLS** for **RAISING REVENUE** shall originate in the House of Representatives;
but the Senate may
- *propose* or
- *concur*
with **Amendments** as on other Bills.

Every Bill which shall have **passed**
- the House of Representatives and
- the Senate,
shall,
before it become a **Law**,
be presented to the **President of the United States**;
- If he *approve* he shall **sign** it, but
- if *not* he shall **return** it,
with his *Objections*
to that House in which it shall have originated,
who shall
- enter the *Objections* at large on their *Journal*, and
- proceed to *reconsider* it.
If after such Reconsideration
two thirds (*2/3*) of that House shall agree to **pass** the Bill,
it shall be **sent**,
together with the Objections,
to the other House,
by which it shall likewise be **reconsidered**, and
if approved by *two thirds* (*2/3*) of that House,
it shall become a **Law**.
But in all such Cases
- the **Votes** of both Houses shall be determined by
- *yeas* and
- *Nays*, and
- the **Names of the Persons** voting
- *for* and
- *against*

48

Ningún
- ~~Senador~~ o
- ~~Representante~~
    durante el tiempo para el que fue elegido,
        será **nombrado para NINGÚN CARGO CIVIL** bajo la autoridad de los
Estados Unidos, que
                    - haya sido ~~creado~~, o
                    - cuyos ~~emolumentos~~ se hayan ~~incrementado~~
                    durante dicho tiempo; y
- **ninguna persona** que ostente un **cargo** en los Estados Unidos, será miembro de
ninguna de las ~~Cámaras~~
    durante su permanencia en el cargo.

Sección 7. *El PROCESO LEGISLATIVO.*

Todos los **PROYECTOS** de **LEY** para la **RECAUDACIÓN** de **IMPUESTOS** se
originarán en la Cámara de Representantes;
        pero el Senado puede
            - *proponer* o
            - *estar de acuerdo* con
                las **enmiendas** como en otros proyectos de ley.

Todo proyecto de ley que haya sido **aprobado** por
        - la Cámara de Representantes y
        - el Senado,
            antes de convertirse en ley,
                se presentará al Presidente de los Estados Unidos;
- Si lo *aprueba*, lo **firmará**,
- pero si *no*, lo **devolverá**,
        con sus *Objeciones*
            a la Cámara en la que se haya originado,
            la cual
                    - incluirá las *objeciones* íntegras en su *Diario*, y
                    - procederá a *reconsiderarlo*.
Si después de dicha **reconsideración**,
    dos tercios (2/3) de esa Cámara acuerdan **aprobar** el proyecto de ley,
        se enviará,
            junto con las Objeciones,
                a la otra Cámara,
                    por la cual también será **reconsiderado**, y
                    si lo aprueban *dos tercios (2/3)* de esa Cámara,
                        se convertirá en una *ley*.
Pero en todos estos casos,
        - los **votos** de ambas cámaras se determinarán
        - por *síes* y
        - por *noes*, y
        - los **nombres** de las personas que voten
            - a *favor* y
            - en *contra*

the Bill
shall be entered on the **Journal** of each House respectively.

If any Bill shall not be ~~returned~~ by the President within *ten Days* (Sundays excepted) after it shall have been presented to him,
the Same shall be a *Law*, in like Manner as if he had *signed* it,
unless the Congress by their *Adjournment* prevent its Return,
in which Case it shall *not* be a ~~Law~~.

Every
- *Order*,
- *Resolution*, or
- *Vote*
to which the Concurrence of the
- Senate and
- House of Representatives
may be necessary
(except on a question of Adjournment)
- shall be **presented** to the **President of the United States**; and
- *before the Same shall take Effect,*
- shall be *approved* by him, or
- being *disapproved* by him,
shall be **repassed** by *two thirds (2/3)* of the
- Senate and
- House of Representatives,
according to the
- *Rules* and
- *Limitations*
prescribed in the Case of a *Bill*.

Section 8. *POWERS of CONGRESS.*

The **CONGRESS** shall have Power

1)   *A* - To
- *lay* and
- *collect*
- **Taxes**,
- **Duties**,
- **Imposts** and
- **Excises**,
B - to pay the **Debts** and
C - *provide* for the
- **common Defence** *(Defense)* and
- **general Welfare**
of the United States;
but all
- Duties,
- Imposts and
- Excises
shall be *uniform* throughout the United States;

del proyecto de ley
se registrarán en el **diario** de cada cámara, respectivamente.

Si ningún proyecto de ley es ~~devuelto~~ por el Presidente dentro de los *10 días* (exceptuados los domingos) después de que se le haya presentado,
el mismo será una *ley*, de la misma manera que si lo hubiera *firmado*,
a menos que la *suspensión* de las sesiones del Congreso impida su devolución,
en cuyo caso *no* se convertirá en ~~Ley~~.

Toda
- *orden*,
- *resolución* o
- *votación*
para la que la concurrencia del
- Senado y
- la Cámara de Representantes
pueda ser necesaria
(excepto en una cuestión de aplazamiento)
- será presentada al Presidente de los Estados Unidos; y
- antes de que el mismo tenga efecto,
- será aprobado por él, o
- *siendo desaprobado por él,*
será **aprobado nuevamente** por *dos tercios (2/3)* del
- Senado y
- la Cámara de Representantes,
de acuerdo con
- las *reglas* y
- *limitaciones*
prescritas en caso de un *proyecto de ley.*

Sección 8. *PODERES del CONGRESO.*

El **CONGRESO** tendrá poder para

1) A - *establecer* y
- *recaudar*
- **tasas,**
- **cargas,**
- **impuestos** y
- **aranceles,**
B –*pagar* **deudas** y
C –*proveer* para la
- **Defensa común** y
- **bienestar general**
de los Estados Unidos;
pero todas las
- cargas,
- impuestos y
- aranceles
serán *uniformes* en todo Estados Unidos;

51

2) To *borrow* **Money** on the credit of the United States;

3) To *regulate* **Commerce**
- with foreign Nations, and
- among the several States, and
- with the Indian Tribes;

4) To *establish* an
- uniform Rule of **Naturalization**, and
- uniform Laws on the subject of **Bankruptcies**
    throughout the United States;

5) To
- *coin* **Money**,
- *regulate* the *Value*
    - thereof, and
    - of foreign Coin, and
- *fix* the Standard of
    - **Weights** and
    - **Measures**;

6) To *provide* for the Punishment of **counterfeiting** the
- Securities and
- current Coin
    of the United States;

7) To *establish*
- **Post Offices** and
- **post Roads**;

8) To *promote* the Progress of
- **Science** and
- **useful Arts**,
    by securing
        for limited Times
            to
                - Authors and
                - Inventors
                    the exclusive Right to their respective
                        - Writings and
                        - Discoveries;

9) To *constitute* **Tribunals** *inferior* to the supreme Court;

10) To
- *define* and
- *punish*
    - Piracies and
    - Felonies
        committed on the **high Seas**, and
    - Offences against the *Law of Nations*;

2) Contraer **empréstitos** a cargo de los Estados Unidos;

3) Regular el **comercio**
- con naciones extranjeras, y
- entre los distintos Estados, y
- con las Tribus Indias;

4) Establecer un
- reglamento uniforme de **naturalización**, y
- leyes uniformes en materia de **quiebras**
    en todo Estados Unidos;

5) - acuñar **moneda**,
 - *regular* el ***valor***
    - de ella, y
    - de la moneda extranjera, y
 - *fijar* el patrón de
    - **pesas** y
    - **medidas**;

6) Proveer para el castigo por **falsificar**
    - los títulos y
    - la moneda corriente
        de los Estados Unidos;

7) Establecer
    - **oficinas de correos** y
    - **caminos de posta**;

8) Promover el progreso de
    - la **ciencia** y
    - las **artes útiles**,
        asegurando
            por un tiempo limitado
                a
                    - autores e
                    - inventores
                        el derecho exclusive a sus respectivos
                            - escritos y
                            - descubrimientos;

9) Crear **tribunales** *inferiores* al Tribunal Supremo;

10) - Definir y
 - *castigar*
    - la piratería y
    - crímenes
            cometidos en **alta mar**, y
    - ofensas contra la *Ley de las Naciones*;

11) To
- *declare* **War**,
- *grant* Letters of
- **Marque** and
- **Reprisal**, and
- *make* Rules concerning **Captures** on
- Land and
- Water;

12) To
- *raise* and
- *support*
Armies,
but no Appropriation of Money to that Use shall be for a longer Term than *two Years*;

13) To
- *provide* and
- *maintain*
a **Navy**;

14) To *make* Rules for the
- Government and
- Regulation
of the
- *land* and
- *naval*
Forces;

15) To *provide* for calling forth the **Militia** to
- *execute* the Laws of the Union,
- *suppress* Insurrections and
- *repel* Invasions;

16) To *provide*
- for
- *organizing*,
- *arming*, and
- *disciplining*,
the **Militia**, and
- for governing such Part of them as may be employed in the Service of the United States,
reserving to the States respectively,
- the *Appointment* of the Officers, and
- the Authority of training the Militia according to the discipline prescribed by Congress;

11) - *Declarar* la **guerra**,
  - *conceder* **patentes**
    - *de corso* y
    - *represalia*, y
  - *establecer* reglamentos para las **presas** en
    - tierra y
    - agua;

12) - *Reclutar* y
  - *sostener*
    ejércitos,
        pero ninguna asignación de fondos para tal uso será por un plazo superior a
dos años;

13) - *Proveer* y
  - *mantener*
    una **Armada**;

14) *Dictar* normas para el
    - gobierno y
    - regulación
        de las **Fuerzas**
            - *terrestres* y
            - *navales*;

15) *Regular* la convocatoria de la **Milicia** para
        - *ejecutar* las leyes de la Unión,
        - *suprimir* insurrecciones y
        - *repeler* invasiones;

16) *Proveer*
        - para
            - *organizar*,
            - *armar*, y
            - *disciplinar*,
                la **Milicia**, y
        - para gobernar la parte de ella que pueda ser empleada al servicio de los Estados
Unidos,
            reservando a los Estados respectivos,
                - el *nombramiento* de los oficiales, y
                - la facultad de entrenar a la Milicia de acuerdo a la disciplina prescrita
por el Congreso;

17)

   - To _exercise_ exclusive Legislation in all Cases whatsoever, over such **District**
     *(not exceeding **ten Miles square**)*
       as may,
         by
            - _Cession_ of particular _States_, and
            - the _Acceptance_ of _Congress_,
              become the **Seat of the Government** of the United States, and
   - to _exercise_ like _Authority_ over all Places purchased by the Consent of the Legislature
of the State in which the Same shall be, for the Erection of
     - _Forts_,
     - _Magazines_,
     - _Arsenals_,
     - _dock-Yards_, and
     - _other_ needful Buildings;- And

18) To _make_ all **Laws** which shall be
     - *necessary* and
     - *proper*
       for carrying into **Execution**
         - the _foregoing Powers_, and
         - all _other_ Powers vested by this _Constitution_
           - in the Government of the United States, or
           - in any
              - Department or
              - Officer
                thereof.

Section 9. *LIMITS on CONGRESS.*

The
   - *Migration* or
   - *Importation*
      of such Persons as any of the States now existing shall think proper to admit, shall
not be ~~prohibited~~ by the Congress ~~prior~~ to the Year *one thousand eight hundred and eight*
(1808),
     but a
       - Tax or
       - duty
         may be imposed on such Importation,
           not exceeding *ten dollars (10)* for each Person.

Note: This paragraph within the dotted box was affected in two stages:
  ▶ *Technical Expiration (**1808**): The clause was designed to expire on its own terms in 1808, and it did. In that year, Congress exercised the power granted by the Constitution to ban the importation of slaves. However, the institution of slavery itself persisted, and the domestic slave trade within the United States actually intensified.*
  ▶ *Substantive Nullification (**1865**): Despite already being inoperative, the clause was rendered completely obsolete and moot by the 13th Amendment.*

17)
- *Legislar* de forma exclusive sobre todo lo referente al **Distrito**
   (que no podrá exceder de diez millas cuadradas)
      que pueda,
         por
            - *cesión* de *Estados* particulares, y
            - la *aceptación* del *Congreso*,
               convertirse en la **sede del Gobierno** de los Estados Unidos, y
- *ejercer* como *Autoridad* sobre todos los lugares comprados con el consentimiento de la
Asamblea Legislativa del Estado en el que el mismo estará, para la *erección* de
      - *fuertes*,
      - *almacenes*,
      - *arsenales*,
      - *astilleros*, y
      - *otros* edificios necesarios;- y

18) *Hacer* todas las **Leyes** que sean
      - *necesarias* y
      - *apropiadas*
         para llevar a **ejecución**
            - los *poderes anteriores*, y
            - todos *los demás* poderes conferidos por esta *Constitución*
               - al Gobierno de los Estados Unidos, o
               - a cualquier
                  - departamento o
                  - funcionario
                     del mismo.

Sección 9. *LÍMITES al CONGRESO.*

La
   - *emigración* o
   - *inmigración*
      de tantas personas como los Estados ahora existentes consideren adecuado
admitir, **no será** ~~prohibida~~ por el Congreso ~~con anterioridad~~ al año **mil ochocientos ocho** *(1808)*,
      pero una
         - tasa o
         - carga
            puede ser impuesta sobre tal inmigración,
               no ~~excediendo~~ de **10 dólares** por cada persona.

Nota: *Este párrafo con recuadro punteado quedó afectado en 2 momentos:*
   ▶ *Expiración Técnica (1808): La cláusula fue diseñada para caducar automáticamente en 1808, y así lo hizo. En ese año, el Congreso prohibió la importación de esclavos, haciendo uso del poder que la Constitución le confería a partir de esa fecha, pero la esclavitud misma siguió existiendo, y de hecho se intensificó el comercio interno de esclavos, dentro de los Estados Unidos.*
   ▶ *Anulación Sustancial (1865): A pesar de estar ya inoperativa, la cláusula fue dejada completamente obsoleta y sin efecto por la 13ª Enmienda.*

> *This amendment did not merely prohibit the international slave trade; it abolished slavery itself, making the concept of "importing" persons as property unconstitutional and thereby eliminating the original clause's legal foundation.*

The Privilege of the ***Writ of Habeas Corpus*** shall not be <u>suspended,</u>
    <u>unless</u> when in Cases of
        - Rebellion or
        - Invasion
            the public Safety may require it.

No
    - ***Bill of Attainder*** *(loss of civil rights)* or
    - ***ex post facto Law*** *(retroactive sanctioning laws that are not favorable or restrictive of individual rights)*
        shall be ~~passed~~.

No
    - *Capitation*, or
    - other *direct*,
        Tax shall be laid,
            unless in Proportion to the
                - Census or
                - enumeration
                    herein before directed to be taken.

> *Note: This part within the dotted box was modified by the **16th Amendment** (1913), which allows <u>Congress</u> to levy **income taxes** without apportioning them proportionally among the States.*

No
    - ~~Tax~~ or
    - ~~Duty~~
        shall be laid on Articles ***exported*** from any <u>State</u>.

- **No** Preference shall be given by any Regulation of
    - *Commerce* or
    - *Revenue*
        to the **Ports** of one <u>State</u> over those of another:
- **nor** shall **Vessels** bound
    - to, or
    - from,
        one State, be ~~obliged~~ to
            - *enter*,
            - *clear*, or
            - pay *Duties*
                in another.

- No Money shall be drawn from the **Treasury**,
    but in Consequence of ***Appropriations made by Law***; and

> *Dicha enmienda no se limitó a prohibir el tráfico internacional de esclavos, sino que abolió la esclavitud misma, haciendo que la idea de "importar" personas como propiedad fuera inconstitucional y eliminando así la base legal de la cláusula original.*

El privilegio del **habeas corpus** no se suspenderá,
   salvo cuando en casos de
     - rebelión o
     - invasión
        la seguridad pública pueda requerirlo.

Ningún
   - ***escrito de proscripción y confiscación*** *(pérdida de los derechos civiles)* o
   - ***leyes ex post facto*** *(leyes sancionadoras retroactivas no favorables o restrictivas*
de derechos individuales)
     serán ~~aprobadas~~.
Ningún impuesto
   - *de capitación (fijo por persona)*, u
   - otro *directo*,
     se establecerá,
        salvo en proporción al
          - censo o
          - recuento
            que aquí antes se ordenó realizar.

> ***Nota****: Esta parte con recuadro punteado fue modificada por la **16ª** **Enmienda**, (1913), que permite al Congreso recaudar **impuestos sobre la renta** sin distribuirlos proporcionalmente entre los Estados.*

Ninguna
   - ~~tasa~~ o
   - ~~carga~~
     será impuesta sobre artículos ***exportados*** desde cualquier Estado.

- **Ninguna** ~~preferencia~~ se dará a través de ninguna regulación
   - *mercantil* o
   - *fiscal*
     a los **puertos** de un Estado sobre los de otro:
- **ni** los **barcos** que se dirijan
   - a, o
   - desde,
     un Estado, estarán ~~obligados~~ a
        - *entrar*,
        - *salir*, o
        - pagar *impuestos*
          en otro.

- Ningún dinero será retirado del **Tesoro**,
     salvo como consecuencia de ***asignaciones autorizadas por Ley***; y

- a regular
    - *Statement* and
    - *Account*
        of the
            - Receipts and
            - Expenditures
                of all public Money shall be ***published*** from time to time.

- No Title of **Nobility** shall be granted by the United States: And
- no Person holding any **Office** of
    - *Profit* or
    - *Trust*
        under them, shall,
            without the Consent of the Congress,
                accept of any
                    - present,
                    - Emolument,
                    - Office, or
                    - Title,
                        of any kind whatever,
                            from any
                                - King,
                                - Prince, or
                                - foreign State.

Section 10. *LIMITS on the STATES.*

No State shall
    - ~~enter~~ into any
        - *Treaty*,
        - *Alliance*, or
        - *Confederation*;
    - ~~grant~~ Letters of
        - *Marque* and
        - *Reprisal*;
    - ~~coin~~ **Money**;
    - ~~emit~~ **Bills of Credit**;
    - ~~make~~ any Thing but
        - **gold** and
        - **silver**
            Coin a Tender in Payment of Debts;
    - ~~pass~~ any
        - ***Bill of Attainder***,
        - ***ex post facto Law***, or
        - Law impairing the ***Obligation of Contracts***, or
    - ~~grant~~ any **Title of Nobility**.

- No State shall,
        without the Consent of the Congress,
            lay any

- un *estado de cuentas* y
- un *balance*
  periódicos de los
      - ingresos y
      - gastos
          de todo el dinero público **serán publicados** cada cierto tiempo.

- Ningún título de **nobleza** será concedido por los Estados Unidos: y
- ninguna persona que ostente un **cargo**
  - *remunerado* u
  - *honorífico*
      de los mismos, aceptará,
          sin el consentimiento del Congreso,
              ningún
                  - presente,
                  - emolumento,
                  - cargo, o
                  - título,
                      de ningún tipo,
                      de ningún
                          - Rey,
                          - Príncipe, or
                          - Estado extranjero.

Sección 10. *LÍMITES a los ESTADOS.*

Ningún Estado
  - celebrará ningún
      - *tratado,*
      - *alianza,* o
      - *Confederación*;
  - concederá patentes de
      - *corso* y
      - *represalia*;
  - acuñará **moneda**;
  - emitirá **bonos**;
  - hará cualquier cosa salvo moneda de
      - **oro** y
      - **plata**
          como medio de pago por deudas;
  - aprobará cualquier
      - *escrito de proscripción y confiscación,*
      - *leyes ex post facto,* o
      - leyes que menoscaben las *obligaciones de los contratos,* o
  - concederá cualquier **título de nobleza.**

- Ningún Estado,
      sin el consentimiento del Congreso,
          establecerá ningún

61

- *Imposts* or
- *Duties*
          on
                    - **Imports** or
                    - **Exports**,
                              except what may be absolutely necessary for executing it's
inspection Laws:
          - and the net ***Produce*** of all
               - Duties and
               - Imposts,
                    laid by any State on
                         - *Imports* or
                         - *Exports*,
                              shall be for the Use of the ***Treasury of the United States***; and
- all such **Laws** shall be **subject** to the
          - *Revision* and
          - *Controul (control)*
               of the Congress.
No State shall,
          without the Consent of Congress,
               - ~~lay~~ any Duty of **Tonnage**,
               - ~~keep~~
                    - **Troops**, or
                    - **Ships of War**
                         in time of Peace,
               - ~~enter~~ into any
                    - **Agreement** or
                    - **Compact**
                         - with another State, or
                         - with a foreign Power, or
               - ~~engage~~ in **War**, unless
                         - *actually* invaded, or
                         - in such *imminent Danger*
                              as will not admit of ~~delay~~.

- *impuesto* o
- *carga*
    sobre
        - **importaciones** o
        - **exportaciones**,
            salvo el que pueda ser absolutamente necesario para ejecutar sus
leyes de inspección:
    - y el ***producto*** neto de todas las
        - cargas e
        - impuestos,
            establecidos por cualquier Estado sobre
                - *importaciones* o
                - *exportaciones*,
                    será para uso del ***Tesoro de los Estados Unidos***; y
    - todas esas **Leyes** estarán **sujetas** a la
        - *revisión* y
        - *control*
            del Congreso.

Ningún Estado,
    sin el consentimiento del Congreso,
        - ~~establecerá~~ ningún impuesto por **tonelaje**,
        - ~~mantendrá~~
            - **tropas**, o
            - **barcos de guerra**
                en tiempo de paz,
        - ~~celebrará~~ ningún
            - **acuerdo** o
            - **pacto**
                - con otro Estado, o
                - con un poder extranjero, o
        - ~~entrará~~ en **guerra**, salvo que
            - *invadido* por sorpresa, o
            - en tal *peligro inminente*
                no admita ~~demora~~.

Article **II**. *The EXECUTIVE BRANCH.*

Section 1. *The PRESIDENT.*

The **executive Power** shall be vested in a **PRESIDENT** of the United States of America.

He shall hold his Office during the Term of *four Years (4)*, and,
> together with the **Vice President,**
>> *chosen for the same Term,*
>>> be elected, as follows

Each <u>State</u> shall appoint,
> *in such Manner as the <u>Legislature</u> thereof may direct,*
>> a Number of **Electors,**
>>> <u>*equal*</u> to the whole Number of
>>>> - Senators and
>>>> - Representatives
>>>>> to which the State may be entitled in the Congress:

but **no**
> - ~~Senator~~ or
> - ~~Representative~~, or
> - Person holding an ~~Office~~ of
>> - Trust or
>> - Profit
>>> under the United States,
>>>> shall be appointed an Elector.

The **Electors** shall
> - <u>meet</u> in their respective <u>States</u>, and
> - <u>vote</u> by Ballot for **two Persons (2)**,
>> of whom one at least shall not be an Inhabitant of the same State with themselves.
- And they shall make a **List**
> - of all the <u>*Persons*</u> voted for, and
> - of the <u>*Number of Votes*</u> for each;
>> - which List they shall
>>> - <u>sign</u> and
>>> - <u>certify</u>, and
>>> - <u>transmit</u> sealed to the Seat of the Government of the United States,
>>>> directed to the President of the Senate.

The <u>President of the Senate</u> shall,
> *in the Presence of the*
>> - <u>*Senate*</u> and
>> - <u>*House of Representatives,*</u>
>>> **open** all the Certificates, and

the <u>Votes</u> shall then be **counted.**
- The *Person having the* **greatest *Number of Votes*** shall be the President,
> if such Number be a <u>*Majority*</u> of the whole Number of Electors appointed;

Artículo II. *El PODER EJECUTIVO.*

Sección 1. *El PRESIDENTE.*

El **Poder Ejecutivo** será conferido a un **PRESIDENTE** de los Estados Unidos de América.

Ostentará su cargo durante el plazo de *4 años*, y,
    junto al **Vicepresidente**,
        elegido por el mismo plazo,
        será elegido, como sigue

Cada Estado nombrará,
    de la manera que su Asamblea Legislativa disponga,
        un número de **electores**,
           iguales al número total de
               - Senadores y
               - Representantes
                    a los que el Estado tenga derecho en el Congreso,
pero **ningún**
    - ~~Senador~~ o
    - ~~Representante~~, o
    - persona que ostente un ~~cargo~~
        - ~~honorífico~~ o
        - ~~remunerado~~
        en los Estados Unidos,
           será nombrado **Elector**.

Los **Electores**
    - se reunirán en sus respectivos Estados, y
    - votarán por papeleta a *2 personas*,
        de las cuales al menos una de ellas no será habitante del mismo Estado que ellos.
    - Y harán una **lista**
        - de todas las *personas* que hayan sido votadas, y
        - del *número de votos* para cada una;
    - la cual
        - firmarán y
        - certificarán, y
        - transmitirán sellada a la sede del gobierno de los Estados Unidos,
           dirigida al Presidente del Senado.
El Presidente del Senado,
    en presencia
        - *del Senado y*
        - *de la Cámara de Representantes,*
           abrirá todos los certificados, y
los votos entonces **se contarán**.
    - La *persona que tenga el **mayor número de votos*** será el Presidente,
        si tal número supone una *mayoría* del número total de Electores nombrados;

- and if there be *more than one* who
  - have such Majority, and
  - have an equal Number of Votes,

      then the <u>House of Representatives</u> shall immediately chuse *(choose)* by Ballot one of them for President;
- and if **no Person have a Majority**,

      then from the *five (5)* highest on the List the said House shall in like Manner chuse *(choose)* the President.

    But in chusing *(choosing)* the President,
  - the Votes shall be taken *by States*,
  - the Representation from each State having *one Vote*,
  - A *quorum* for this Purpose shall consist of a Member or Members from *two thirds (2/3)* of the States, and
  - a *Majority* of all the States shall be necessary to a Choice.

    In every Case,
      after the Choice of the <u>President</u>,

      the Person having the **greatest Number of Votes** of the Electors shall be the <u>Vice President</u>.

    But if there should remain
  - two or
  - more

      who have **equal** Votes,

        the <u>Senate</u> shall chuse *(choose)* from them by Ballot the Vice President.

---

*Note: This entire paragraph within the dotted box was completely superseded by the **12th Amendment** (1804), which instituted the current system of **separate electoral ballots** for <u>President</u> and <u>Vice President</u>.*

The <u>Congress</u> may determine
  - the *Time* of chusing *(choosing)* the *Electors*, and
  - the *Day* on which they shall give their *Votes*;

    which Day shall be the *same* throughout the United States.

No Person except
  - a **natural born Citizen**, or
  - a **Citizen** of the **United States**, at the time of the Adoption of this *Constitution*,

    shall be eligible to the Office of <u>President</u>;

neither shall any Person be eligible to that Office who shall not have
  - attained to the Age of *thirty five Years*, and
  - been *fourteen Years* a Resident within the United States.

In Case
  - of the *Removal* of the <u>President</u> from Office, or
  - of his
    - *Death*,
    - *Resignation*, or
    - *Inability* to discharge the Powers and Duties of the said Office,
      - the Same shall devolve on the <u>Vice President</u>, and
      - the <u>Congress</u> may *by Law*

- y si
    - hubiera **más de uno** que tuviera tal _mayoría_, y
    - tuvieran _igual número de votos_,
        entonces la Cámara de Representantes inmediatamente elegirá por papeleta a uno de ellos como Presidente;
    - y si **nadie tuviese esa mayoría**,
        entonces de los **cinco (5)** más altos de la lista la citada Cámara de la misma manera elegirá al Presidente.
Pero para elegir al Presidente,
    - los votos se harán **por Estados**,
    - teniendo la representación de cada Estado **un voto**,
    - Para este propósito, el _quórum_ consistirá en un miembro o miembros de **dos tercios (2/3)** de los Estados, y
    - una **mayoría** de todos los Estados será necesaria para la elección.
En cada caso,
        después de la elección del Presidente,
        la persona que tenga el **mayor número de votos** de los Electores será el Vicepresidente.
Pero si quedasen
    - dos o
    - más
        que tengan **igual** número de votos,
            el Senado elegirá de entre ellos por papeleta al Vicepresidente.

Nota: _Todo este párrafo con recuadro punteado fue reemplazado en su totalidad por la **12ª Enmienda** (1804), que instituyó el sistema actual de votación en **papeletas separadas** para Presidente y Vicepresidente._

El Congreso puede determinar
    - la **fecha** de elección de los **Electores**, y
    - el **día** en que darán sus **votos**;
        el cual será el **mismo** para todo Estados Unidos.

Ninguna persona salvo
    - un **ciudadano** que lo sea **por nacimiento**, o
    - un **ciudadano** de los **Estados Unidos**, al tiempo de la adopción de esta **constitución**,
        será elegible para el cargo de Presidente;
ni será ninguna persona elegida para el cargo
    - que no haya alcanzado la edad de **35 años**, y
    - que no haya sido **14 años** residente en los Estados Unidos.

En caso
    - de **destitución** del Presidente de su cargo, o
    - de su
        - **muerte**,
        - **renuncia**, o
        - **incapacidad** para desempeñar los poderes y deberes del citado cargo,
            - los mismos pasarán al Vicepresidente, y
            - el Congreso podrá _por Ley_

- *provide* for the Case of
  - Removal,
  - Death,
  - Resignation or
  - Inability,
    both of the
      - President and
      - Vice President,
- declaring *what Officer* shall then act as President, and
  such Officer shall act accordingly, until
    - the Disability be removed, or
    - a President shall be elected.

Note: *This clause within the dotted box was not repealed, but rather clarified, expanded, and formalized by the **25th Amendment** (1967). The amendment provides detailed procedures for addressing **presidential disability** and for filling a **vacancy** in the office of the **Vice President**.*

The President shall,
  at stated Times,
    receive for his Services, a **Compensation**,
      which shall neither be
        - ~~encreased~~ *(increased)* nor
        - ~~diminished~~
          during the Period for which he shall have been elected, and
he shall not receive within that Period *any other* Emolument from
  - the United States, or
  - any of them.

Before he enter on the Execution of his Office, he shall take the following
  - **Oath** or
  - **Affirmation**:
    —"I do solemnly
      - *swear*
      - (or *affirm*)
        that I
          - will faithfully execute the Office of President of the United States, and
          - will to the best of my Ability,
              - *preserve*,
              - *protect* and
              - *defend*
                the **Constitution** of the United States."

- *proveer* para el caso de
  - destitución,
  - muerte,
  - renuncia o
  - incapacidad,
      - tanto del Presidente
      - como del Vicepresidente,
- declarando *qué funcionario* actuará entonces como Presidente, y dicho funcionario actuará de acuerdo con ello, hasta que
      - la discapacidad desaparezca, o
      - un Presidente sea elegido.

Nota: *Esta cláusula con recuadro punteado no fue derogada, sino que fue matizada, desarrollada y formalizada por la **25ª Enmienda** (1967). La enmienda establece los procedimientos pormenorizados para gestionar la **incapacidad** del Presidente y para cubrir una **vacante** en el cargo de Vicepresidente.*

El Presidente,
  en los momentos establecidos,
      recibirá por sus servicios, una **remuneración**,
          que no será
              - ~~incrementada~~ o
              - ~~disminuida~~
                  durante el periodo para el que hubiese sido elegido, y
no recibirá en ese periodo *ningún otro* emolumento
  - de los Estados Unidos, o
  - de ninguno de ellos.

Antes de que entre a desempeñar su cargo, prestará el siguiente
  - **juramento** o
  - **promesa**:
      —"Yo solemnemente
          - *juro*
          - (o *prometo*)
              que
                  - ejecutaré fielmente el cargo de Presidente de los Estados
Unidos, y
                  - con lo mejor de mi habilidad,
                      - *preservaré*,
                      - *protegeré* y
                      - *defenderé*
                          la **Constitución** de los Estados Unidos."

Section 2. *POWERS of the PRESIDENT.*

The <u>President</u> shall be **Commander in Chief**
- of the
  - **Army** and
  - **Navy**
    of the United States, and
  - of the **Militia** of the several States,
    when called into the actual Service of the United States;

he may *require the Opinion*, in writing, of the principal Officer in each of the executive Departments, upon any Subject relating to the Duties of their respective Offices, and

he shall have Power to grant
- **Reprieves** and
- **Pardons**
  for *Offences* against the United States,
    <u>except</u> in Cases of **Impeachment**.

He shall have Power,
- *by and*
- *with*
    the
      - *<u>Advice</u> and*
      - *<u>Consent</u>*
        of the <u>Senate</u>,
    to make **Treaties**, provided *two thirds (2/3)* of the Senators present concur; and

he
- shall **nominate**, and
- - *by and*
- *with the*
  - *<u>Advice</u> and*
  - *<u>Consent</u>*
    of the <u>Senate</u>,
  shall **appoint**
    - <u>Ambassadors</u>,
    - <u>other public Ministers</u> and <u>Consuls</u>,
    - Judges of the <u>supreme Court</u>, and
    - all <u>other Officers</u> of the United States,
        - whose Appointments are *not* herein ~~otherwise provided~~ for, and
        - which shall be established <u>*by Law*</u>:

but the <u>Congress</u> may <u>*by Law*</u> vest the Appointment of such **inferior Officers**, as they think proper,
- in the *<u>President</u>* alone,
- in the *<u>Courts of Law</u>*, or
- in the *<u>Heads of Departments</u>*.

The <u>President</u> shall have Power to fill up all **Vacancies** that may happen during the Recess of the Senate,
    by granting ***Commissions*** which shall *expire* at the *<u>End</u> of their <u>next Session</u>*.

Sección 2. *PODERES del PRESIDENTE.*

El <u>Presidente</u> será **Comandante en Jefe**
- del **Ejército** y
- la **Armada**
    de los Estados Unidos, y
- de la **Milicia** de los distintos Estados,
    cuando se le llame para el servicio activo de los Estados Unidos;
podrá *requerir la opinión*, por escrito, del funcionario principal de cada uno de los departamentos administrativos, sobre cualquier materia relacionada con los deberes de sus respectivos cargos, y
tendrá el poder para conceder
- **conmutaciones de castigos** e
- **indultos**
    por *crímenes* contra los Estados Unidos,
        <u>excepto</u> en los casos de **juicios políticos de destitución**.
Tendrá el poder,
- *por y*
- *con*
    el
        - <u>*consejo y*</u>
        - <u>*consentimiento*</u>
            del <u>*Senado*</u>,
        para hacer **tratados**, siempre que *dos tercios (2/3)* de los Senadores presentes estén de acuerdo; y
    él
- **propondrá**, y
-     - *por y*
    - *con el*
        - <u>*consejo*</u> *y*
        - <u>*consentimiento*</u>
            del <u>*Senado*</u>,
            nombrará
                - <u>Embajadores</u>,
                - otros <u>Ministros públicos</u> y <u>Cónsules</u>,
                - Jueces del <u>Tribunal Supremo</u>, y
                - todos <u>los demás funcionarios</u> de los Estados Unidos,
                    - cuyos nombramientos no estén de ~~otra manera aquí previstos~~, y
                    - que serán establecidos <u>*por Ley*</u>:
pero el <u>Congreso</u> puede <u>*por Ley*</u> conferir el nombramiento de tantos **funcionarios inferiores** como considere adecuado,
    - solamente al <u>*Presidente*</u>,
    - a las <u>*Cortes de Justicia*</u>, o
    - a los <u>*Jefes Departamentales*</u>.

El <u>Presidente</u> tendrá el poder para cubrir todas las **vacantes** que puedan producirse durante el receso *(suspensión de las sesiones)* del Senado,
        concediendo ***nombramientos provisionales*** que *expirará* al <u>*final* de *su siguiente periodo de sesiones*</u>.

Section 3. *DUTIES of the PRESIDENT.*

He shall
> *from time to time*
>> - give to the <u>Congress</u> **Information** of the **STATE of the UNION**, and
>> - recommend to their Consideration such *Measures* as he shall judge
>>> - necessary and
>>> - expedient;

he may,
> *on extraordinary Occasions,*
>> **convene**
>>> - both *Houses*, or
>>> - either of them, and

in Case of **Disagreement** between them,
> *with Respect to the Time of Adjournment,*
>> he may adjourn them to such Time as he shall think proper;

he shall receive
> - **Ambassadors** and
> - other public Ministers;

he
> - shall take Care that the **Laws** be **faithfully executed**, and
> - shall **Commission** all the **Officers** of the United States.

Section 4. *IMPEACHMENT.*

The
> - <u>President</u>,
> - <u>Vice President</u> and
> - *all civil Officers*
>> of the United States,
>>> shall be **removed** from Office on
>>>> - *Impeachment* for, and
>>>> - *Conviction* of,
>>>>> - Treason,
>>>>> - Bribery, or
>>>>> - other high
>>>>>> - Crimes and
>>>>>> - Misdemeanors.

Sección 3. *DEDERES del PRESIDENTE.*

Periódicamente
- dará **información** al <u>Congreso</u> sobre el **ESTADO de la UNIÓN**, y
- <u>recomendará</u> a consideración del mismo las ***medidas*** que juzgue
    - necesarias y
    - oportunas;

puede,
  en ocasiones extraordinarias,
    convocar
      - a ambas ***Cámaras***, o
      - a cualquier de ellas, y

en caso de **desacuerdo** entre ellas,
  con respecto a la fecha de receso,
    podrá suspenderlas a la que él entienda apropiada;

<u>recibirá</u>
- **Embajadores** y
- otros Ministros públicos;

él
- cuidará de que las **Leyes** sean ***fielmente ejecutadas***, y
- **comisionará** a todos los **funcionarios** de los Estados Unidos.

Sección 4. *JUICIO POLÍTICO de DESTITUCIÓN ("IMPEACHMENT").*

El
- <u>Presidente,</u>
- <u>Vicepresidente</u> y
- todos los <u>*funcionarios civiles*</u>
    de los Estados Unidos,
        serán **separados** de su cargo al ser
          - *acusados*, y
          - *condenados*,
            en un **juicio político de destitución** por
              - <u>traición,</u>
              - <u>cohecho,</u> u
              - <u>otros</u>
                - delitos y
                - faltas
                    graves.

Article III. *The JUDICIAL BRANCH.*

Section 1. *FEDERAL COURTS.*

The **judicial Power** of the United States, shall be vested
  - in one **SUPREME COURT**, and
  - in such ***inferior Courts*** as the Congress may *from time to time*
      - ordain and
      - establish.
The Judges,
  both of the
      - *supreme and*
      - *inferior*
        Courts,
            - shall **hold** their Offices during good Behaviour *(behavior)*, and
            - shall,
                at stated Times,
                    receive for their Services, a **Compensation**,
                        which shall not be ~~diminished~~ during their Continuance in Office.

Section 2. *JURISDICTION.*

The **JUDICIAL POWER** shall extend
  1 - to all Cases,
        in
            - *Law* and
            - *Equity*,
                arising under
                    - this ***Constitution***,
                    - the ***Laws*** of the United States, and
                    - ***Treaties***
                        - made, or
                        - which shall be made,
                                under their Authority;
  2 - to all Cases affecting
            - ***Ambassadors***,
            - other public ***Ministers*** and
            - ***Consuls***;
  3 - to all Cases of
            - *admiralty* and
            - *maritime*
                Jurisdiction;

Artículo III. *El PODER JUDICIAL.*

Sección 1. *TRIBUNALES FEDERALES.*

El **Poder Judicial** de los Estados Unidos, será conferido
- a un **TRIBUNAL SUPREMO**[1], y
- a los ***tribunales inferiores*** que el <u>Congreso</u> pueda *de vez en cuando*
  - <u>decretar</u> y
  - <u>establecer</u>.

Los <u>Jueces</u>,
- *tanto del Tribunal Supremo*
- *como de los tribunales inferiores*
  - **mantendrán** sus cargos mientras tengan <u>*buen comportamiento*</u>, y
  - *en fechas determinadas,*
    recibirán por sus servicios una **remuneración**,
      que no será ~~disminuida~~ durante su permanencia en el cargo.

Sección 2. *JURISDICCIÓN.*

El **PODER JUDICIAL** se extenderá
1 - a todos los casos,
  - *de derecho y*
  - *de equidad,*
    que se susciten de,
      - esta ***<u>Constitución</u>***,
      - las ***<u>Leyes</u>*** de los Estados Unidos, y
      - ***<u>Tratados</u>***
        - hechos, o
        - que se hagan,
          bajo su autoridad;

2 - a todos los casos que afecten a
  - ***<u>Embajadores</u>***,
  - otros ***<u>Ministros</u>*** públicos y
  - ***<u>Cónsules</u>***;

3 - a todos los casos de jurisdicción
  - del ***<u>almirantazgo</u>*** y
  - ***<u>marítima</u>***

---

[1] Se puede decir *Tribunal Supremo* o *Corte Suprema*. Siempre suelo elegir la traducción más literal, pero en este caso me suena mucho mejor *Tribunal Supremo*.

4 - to **Controversies** to which the *United States* shall be a Party;

5 - to Controversies
  - between
      - two or
      - more
        States;

6 - between
      - a *State* and
      - *Citizens of another State.*

*Note: Regarding this part within the dotted box, it should be noted that the jurisdiction of federal courts was directly **limited** by the **11th Amendment** (1795), which established **state sovereign immunity** from suits brought by citizens of another state or foreign nations. This amendment was ratified in direct response to the Supreme Court's decision in Chisholm v. Georgia (1793), a case that allowed a private individual, Alexander Chisholm of South Carolina, to sue the state of Georgia over unpaid Revolutionary War debts. This decision caused an immediate outcry from the States, which feared being sued for extensive war debts. As a result, the 11th Amendment was proposed and ratified in record time.*

7 - between **Citizens of different States,**

8 - between **Citizens of the same State**
      claiming Lands under Grants of *different States,* and

9 - between
      → - a *State,* or
        - the *Citizens* thereof, and
      → *foreign*
        - *States,*
        - *Citizens* or
        - *Subjects.*

1 - In all Cases
    - affecting
      - *Ambassadors,*
      - other public *Ministers* and
      - *Consuls,* and
    - those in which a *State* shall be Party,
        the supreme Court shall have **original Jurisdiction.**

2 - In all the other Cases before mentioned,
        the supreme Court shall have **appellate Jurisdiction,**
            both as to
                - *Law* and
                - *Fact,*
                    with
                        - such Exceptions, and
                        - under such Regulations
                            as the Congress shall make.

4 - a las **controversias** en que los *Estados Unidos* sea parte;

5 - a las controversias
  - entre
    - dos o
    - más
      Estados;

6 - entre
  - un *Estado* y
  - ciudadanos de otro Estado,

Nota: *Respecto a esta parte con recuadro punteado, debe destacarse que la jurisdicción de los tribunales federales fue* **limitada** *directamente por la* **11ª Enmienda** *(1795), que estableció la* **inmunidad soberana de los Estados** *frente a demandas presentadas por* ciudadanos de otro Estado *o de* naciones extranjeras. *Esta enmienda fue ratificada como respuesta directa a la decisión de la Corte Suprema en el caso Chisholm v. Georgia (1793), un caso que permitió a un particular, Alexander Chisholm, de Carolina del Sur, demandar al estado de Georgia por deudas de la Guerra de Independencia. Dicha decisión provocó una protesta inmediata por parte de los Estados, que temían ser demandados por numerosas deudas de guerra. Como resultado, la 11ª Enmienda fue propuesta y ratificada en tiempo récord.*

---

7 - entre **ciudadanos de diferentes Estados**,
  -

8 - entre **ciudadanos del mismo Estado**
  reclamando tierras bajo concesiones de diferentes Estados, y

9 - entre
  → - un *Estado*, o
  - sus ciudadanos, y
  → - *Estados*,
  - *ciudadanos* o
  - *súbditos*
    extranjeros.

1 - - En todos los casos que afecten a
  - *Embajadores*,
  - otros *Ministros* públicos y
  - *Cónsules*, y
  - en aquellos en que un *Estado* sea parte,
    el Tribunal Supremo tendrá **jurisdicción en primera instancia**.

2 - En todos los demás casos antes mencionados,
    el Tribunal Supremo conocerá **en apelación**,
    tanto
      - de *derecho*
      - como de *hecho*,
        - con las *excepciones*, y
        - bajo las *reglamentaciones*
          que el Congreso dictará.

The Trial of **all Crimes**,
      except in Cases of ~~Impeachment~~,
            shall be by **JURY**;
and such Trial shall be held in the **State** where the said Crimes shall have been
committed;
      but when not committed within **any State**,
         the Trial shall be at such
         - Place or
         - Places
            as the <u>Congress</u> may *by Law* have directed.

Section 3. *TREASON.*

TREASON against the United States, shall consist *only*
    - in levying *War* against them, or
    - in adhering to their *Enemies*,
       giving them
          - <u>*Aid*</u> and
          - <u>*Comfort*</u>.
No Person shall be **convicted** of Treason unless
    - on the Testimony of <u>*two Witnesses*</u> *(2)* to the same overt Act, or
    - on <u>*Confession*</u> in open Court.

The <u>Congress</u> shall have Power to declare the Punishment of Treason,
    but no **Attainder** of Treason shall work
       - <u>*Corruption of Blood*</u> *(will not affect the relatives of the person attainted)*, or
       - <u>*Forfeiture*</u> <u>except</u> during the *Life* of the <u>Person attainted</u>.

El enjuiciamiento de **todos los delitos**,
~~*excepto* en casos de *juicios políticos de destitución*,~~
se realizarán a través de un **JURADO**;
y tales juicios se celebrarán en el ***Estado*** en el que los citados crímenes hayan sido
cometidos;
pero cuando no se hayan cometido en ***ningún Estado***,
el juicio se realizará en el
- lugar o
- lugares
que el Congreso pueda *por Ley* haber dispuesto.

Sección 3. *TRAICIÓN.*

TRAICIÓN contra los Estados Unidos, consistirá *exclusivamente* en
- declarar la ***guerra*** contra ellos, o
- unirse a sus ***enemigos***,
dándoles
- *ayuda* y
- *confort*.
Ninguna persona será **condenada** por traición salvo
- por testimonio de *2 testigos* del mismo acto manifiesto, o
- por *confesión* en sesión pública de un tribunal.

El Congreso tendrá el poder de fijar la pena por traición,
pero ningún ***escrito de proscripción*** por traición provocará
- *corrupción de la sangre* (*no afectará a los familiares del condenado*) o
- *confiscación*, excepto durante la vida de la persona proscrita.

Article **IV**. *RELATIONS among STATES*.

Section 1. *FULL FAITH and CREDIT*.

Full
- *Faith* and
- *Credit*
    shall be given in <u>each State</u> to the
    - <u>public Acts</u>,
    - <u>Records</u>, and
    - <u>judicial Proceedings</u>
        of every **other State**.
And the <u>Congress</u> may
    by general Laws
    prescribe
    - the *Manner* in which such
        - <u>Acts</u>,
        - <u>Records</u> and
        - <u>Proceedings</u>
            shall be **proved**, and
    - the **Effect** thereof.

Section 2. *PRIVILEGES and IMMUNITIES*.

The Citizens of each State shall be entitled to all
- *Privileges* and
- *Immunities*
    of Citizens in the <u>several States</u>.
A **Person charged** in any State with
- <u>*Treason*</u>,
- <u>*Felony*</u>, or
- <u>*other*</u> Crime,
    who
    - shall *flee* from Justice, and
    - be *found* in <u>another State</u>,
        shall
                on <u>*Demand*</u> of the <u>*executive Authority of the State*</u> *from which he fled*,
                    be **delivered up**, to be removed to the State having Jurisdiction of
the Crime.

No Person **held** to
- <u>Service</u> or
- <u>Labour</u>
    in one State,
        under the Laws thereof,
            escaping into another,
            shall,
                in Consequence of any

80

Sección 1. *PLENA FE y CRÉDITO*.

Plena
- *fe* y
- *crédito*
    se dará en <u>cada Estado</u> a las
      - <u>actas públicas</u>,
      - <u>registros</u>, y
      - <u>procedimientos judiciales</u>
         de todos los **demás Estados**.
Y el <u>Congreso</u> podrá,
    a través de Leyes generales,
    prescribir
      - el *modo* en que tales
        - <u>actos</u>,
        - <u>registros</u> y
        - <u>procedimientos</u>
         serán **válidos**, y
      - su **efecto**.

Sección 2. *PRIVILEGIOS e INMUNIDADES (y esclavos fugitivos)*

Los ciudadanos de cada Estado tendrán los
- *privilegios* e
- *inmunidades*
    de los ciudadanos de los <u>demás Estados</u>.
Una **persona acusada** en cualquier Estado por
- <u>*traición*</u>,
- <u>*delito grave*</u>, u
- <u>*otro*</u> crimen,
    que
      - *huya* de la Justicia, y
      - sea *hallada* en <u>otro Estado</u>,
        será **entregada**
         a <u>*petición*</u> de la <u>*Autoridad administrativa del Estado*</u> del que huyó,
          para ser **devuelta** al Estado que tenga jurisdicción sobre el crimen.

Ninguna **persona sujeta** a
- <u>servir</u> o
- <u>trabajar</u>
    en un Estado,
      bajo las leyes de éste,
      *que **escape** a otro,*
        será,

                        - *Law or*
                        - *Regulation therein,*
                                be ~~discharged~~ from such
                                        - Service or
                                        - Labour,
                                                but shall be **delivered up** on Claim of the Party to whom such
                                                        - Service or
                                                        - Labour
                                                                may be due.

---

*Note: This part within the dotted box is known as the **"Fugitive Slave Clause"**. It was completely nullified and rendered void by the **13th Amendment** (1865).*

By abolishing the institution of slavery ("Persons held to Service or Labour"), the 13th Amendment eliminated the constitutional basis that required free states to return escaped slaves.

Section 3. *NEW STATES and TERRITORIES.*

NEW STATES may be **admitted** by the Congress into this Union;
   but
                → no new State shall be
                        - formed or
                        - erected
                                within the Jurisdiction of any other State;
                → nor any State be formed by the **Junction** of
                        - two or
                        - more
                                - States, or
                                - Parts of States,
                                        without the **Consent**
                                                - of the Legislatures of the States concerned as well as
                                                - of the Congress.

The Congress shall have Power to
   - *dispose of* and
   - *make*
         all needful
                - *Rules* and
                - *Regulations*
                        respecting
                                - the **Territory** or
                                - other **Property**
                                        belonging to the United States; and
nothing in this Constitution shall be so construed as to ~~Prejudice~~ any Claims
   - of the United States, or
   - of any particular State.

como consecuencia de ninguna
- *Ley* o
- *regulación propia,*
~~liberado~~ de ese
- servicio o
- trabajo,
sino que será **entregada** al reclamarlo la parte a quien ese
- servicio o
- trabajo
pueda ser debido.

Nota: *Este párrafo con recuadro punteado es conocido como la* **"Cláusula de Esclavos Fugitivos"** *(Fugitive Slave Clause). Quedó completamente anulado y sin efecto por la* **13ª Enmienda** *(1865).*

Al abolir la institución de la esclavitud ("personas obligadas a servir o trabajar"), la 13ª Enmienda eliminó la base constitucional que obligaba a los estados libres a devolver a las personas que escapaban de la esclavitud..

Sección 3. *NUEVOS ESTADOS y TERRITORIOS.*

NUEVOS ESTADOS pueden ser **admitidos** por el Congreso en esta Unión;
pero
→ ningún Estado
- se formará o
- se erigirá
dentro de la jurisdicción de ningún otro Estado;
→ ni ningún Estado se formará por la **unión** de
- dos o
- más
- Estados, o
- partes de Estados,
sin el **consentimiento**
- de las Asambleas Legislativas de los Estados concernidos y
- del Congreso.

El Congreso tendrá el poder para
- *disponer* y
- *hacer*
todas las
- reglas y
- reglamentos
necesarios respecto
- al **territorio** u
- otra **propiedad**
perteneciente a los Estados Unidos; y
nada en esta Constitución será interpretado de tal forma que
~~perjudique~~ cualquier reclamación
- de los Estados Unidos, o
- de cualquier Estado en particular.

Section 4. *GUARANTEE of a REPUBLICAN GOVERNMENT.*

The <u>United States</u>
- shall **guarantee** to every State in this Union a **Republican Form of Government**, and
- shall **protect** each of them
    - against *Invasion*; and
    - *on Application*
        - *of the <u>Legislature</u>, or*
        - *of the <u>Executive</u>*
            (when the Legislature cannot be convened),
                against *domestic Violence*.

Sección 4. *GARANTÍA de un GOBIERNO REPUBLICANO.*

Los Estados Unidos
- **garantizarán** a cada Estado de esta Unión una **forma republicana de gobierno**, y
- **protegerá** a cada uno de ellos
    - contra *invasiones*; y
    - *a solicitud*
        - *de la Asamblea Legislativa, o*
        - *del Ejecutivo*
            (cuando la Asamblea Legislativa no pueda ser convocada),
            contra *disturbios internos*.

The Congress,
    *whenever **two thirds** (2/3) of both Houses shall deem it necessary,*
        - shall **propose AMENDMENTS** to this *Constitution*, or,
        - o*n the Application of the Legislatures of **two thirds** (2/3) of the several States,*
          shall call a **Convention** for proposing **Amendments**,
            which,
                in either Case,
                    shall be *valid* to *all*
                        - *Intents* and
                        - *Purposes*,
                    as ***Part of this* *Constitution*,**
when **ratified**
    - by the Legislatures of ***three fourths** (3/4)* of the several States, or
    - by Conventions in ***three fourths** (3/4)* thereof,
        as the one or the other Mode of Ratification may be proposed by the Congress;
    Provided
    - that **no** Amendment which may be made *prior to the Year One thousand eight hundred and eight (1808)* shall in any Manner ~~affect~~ the
        - *first (1) (importation of slaves)* and
        - *fourth (4)(direct taxes)*
          Clauses in the *Ninth (9)* **Section** *(limits on Congress)*
            of the *first (1)* **Article** *(the Legislative Branch)*; and
    - that no **State**,
        without its Consent,
          shall be deprived of its **equal Suffrage** in the Senate.

El <u>Congreso</u>,
    *cuando **dos tercios** (2/3) de <u>ambas Cámaras</u> lo consideren necesario,*
      - **propondrán ENMIENDAS** a esta <u>Constitución</u>, o,
      - *a solicitud de las Asambleas Legislativas de **dos tercios** (2/3) de los distintos*
Estados,
          convocará una **Convención** para proponer **Enmiendas**,
            las cuales,
               en ambos casos,
                 serán *válidas*
                   a todos los
                     - *efectos y*
                     - *propósitos*
                       como ***parte*** de ***esta*** <u>*Constitución*</u>,
cuando sean **ratificadas**
    - por las <u>Asambleas Legislativas</u> de ***tres cuartos** (3/4)* de los distintos Estados, o
    - por <u>Convenciones</u> en ***tres cuartos** (3/4)* de los mismos,
      según uno u otro modo de ratificación haya sido propuesto por el <u>*Congreso;*</u>
siempre y cuando
    - ninguna Enmienda que pueda ser hecha *antes de **1808*** pueda de ninguna manera
~~afectar~~ a las Cláusulas
      - <u>*primera*</u> *(1)* (importación de esclavos) and
      - <u>*cuarta*</u> *(4)* (impuestos directos)
        de la <u>*novena*</u> *(9)* **Sección** *(límites al Congreso)*
          del <u>*primer*</u> *(1)* **Artículo** *(el Poder Legislativo)*; y
    - que ningún **Estado**,
      sin su consentimiento,
        sea privado de **igualdad de voto** en el <u>Senado</u>.

All
- **Debts** contracted and
- **Engagements** entered into,
  before the Adoption of this **Constitution,**
  shall be as *valid* against the United States
    - under this Constitution, as
    - under the Confederation.

- This *Constitution,* and
- the *Laws* of the United States which shall be made in Pursuance thereof; and
- all *Treaties*
  - made, or
  - which shall be made,
    under the Authority of the United States,
    shall be the **SUPREME LAW** of the **LAND**; and
the Judges in every State shall be *bound* thereby,
  any Thing in the
    - Constitution or
    - Laws of any State
      to the Contrary notwithstanding.

The
  - Senators and
  - Representatives before mentioned, and
  - the Members of the several State Legislatures, and
  - all
    - *executive* and
    - *judicial*
        Officers,
            both
              - of the *United States* and
              - of the several *States,*
                shall be **bound** by
                  - *Oath* or
                  - *Affirmation,*
                    to support this Constitution;
but *no religious Test* shall ever be required as a Qualification to any
  - Office or
  - public Trust
    under the United States.

Todas
- las **deudas** contraídas y
- los **compromisos** adquiridos
    antes de la adopción de esta **Constitución**,
        serán tan ***válidos*** contra los Estados Unidos
            - bajo esta Constitución, como
            - bajo la Confederación.

- Esta *Constitución,* y
- las *Leyes* de los Estados Unidos que se realicen en cumplimiento de la misma; y
- todos los *Tratados*
    - hechos, o
    - que se hagan,
        bajo la autoridad de los Estados Unidos,
            serán la **LEY SUPREMA de la TIERRA**; y
los Jueces de cada Estado estarán *obligados* por ellos,
    sin importar ninguna cosa en contrario de la
        - Constitución o
        - Leyes
            de ningún Estado.

Los
- Senadores y
- Representantes antes mencionados, y
- los miembros de las distintas Asambleas Legislativas, y
- todos los funcionarios
    - *administrativos* y
    - *judiciales*
        - tanto de los *Estados Unidos*
        - como de los distintos *Estados*
            estarán **obligados** por
                - ***juramento*** o
                - ***promesa***,
                    a apoyar esta Constitución;
pero ~~ninguna prueba religiosa~~ será requerida como un requisito para ningún
- cargo o
- benefício público
    en los Estados Unidos.

Article **VII. *RATIFICATION.***

The **RATIFICATION** of the <u>Conventions</u> of **nine (9) States**, shall be sufficient for the Establishment of this Constitution between the States so ratifying the Same.

Attest William Jackson Secretary

done in Convention by the **Unanimous** Consent of the States present the **Seventeenth** *(17) Day of September* in the Year

- of *our Lord* one thousand seven hundred and Eighty seven *(1787)* and

- of the *Independance (Independence)* of the United States of America the **Twelfth (12)**

In witness whereof We have hereunto subscribed our Names,

G°. Washington

Presidt and deputy from Virginia

Delaware

Geo: *[George]* Read
Gunning Bedford jun *[Junior]*
John Dickinson
Richard Bassett
Jaco: *[Jacob]* Broom

Maryland

James McHenry
Dan *[Daniel]* of St Thos. *[Thomas]* Jenifer
Danl. *[Daniel]* Carroll

Virginia

John Blair
James Madison Jr. *[Junior]*

North Carolina

Wm. *[William]* Blount
Richd. *[Richard]* Dobbs Spaight
Hu *[Hugh]* Williamson

South Carolina

J. *[John]* Rutledge
Charles Cotesworth Pinckney
Charles Pinckney
Pierce Butler

La **RATIFICACIÓN** por las <u>Convenciones</u> de *9 Estados*, será suficiente para el establecimiento de esta Constitución entre los Estados que la ratifiquen.

Da fe William Jackson, Secretario
dado en Convención con el consentimiento ***unánime*** de los Estados presentes el *17 de septiembre* en el año
- de *nuestro Señor* mil setecientos ochenta y siete *(1787)* y
- de la *independencia* de los Estados Unidos de América el **duodécimo** *(12)*.
Como testigos de lo cual hemos suscrito aquí abajo nuestros nombres,

G°. Washington
Presidente y Diputado por Virginia.

Delaware

Geo: *[George]* Read
Gunning Bedford jun *[Junior]*
John Dickinson
Richard Bassett
Jaco: *[Jacob]* Broom

Maryland

James McHenry
Dan *[Daniel]* of St Thos. *[Thomas]* Jenifer
Danl. *[Daniel]* Carroll

Virginia

John Blair
James Madison Jr. *[Junior]*

North Carolina

Wm. *[William]* Blount
Richd. *[Richard]* Dobbs Spaight
Hu *[Hugh]* Williamson

South Carolina

J. *[John]* Rutledge
Charles Cotesworth Pinckney
Charles Pinckney
Pierce Butler

Georgia

William Few
Abr *[Abraham]* Baldwin

New Hampshire

John Langdon
Nicholas Gilman

Massachusetts

Nathaniel Gorham
Rufus King

Connecticut

Wm. Saml. *[William Samuel]* Johnson
Roger Sherman

New York

Alexander Hamilton

New Jersey

Wil: *[William]* Livingston
David Brearley
Wm. *[William]* Paterson
Jona: *[Jonathan]* Dayton

Pennsylvania

B *[Benjamin]* Franklin
Thomas Mifflin
Robt. *[Robert]* Morris
Geo. *[George]* Clymer
Thos. *[Thomas]* FitzSimons
Jared Ingersoll
James Wilson
Gouv *[Gouverneur]* Morris

Georgia

William Few
Abr *[Abraham]* Baldwin

New Hampshire

John Langdon
Nicholas Gilman

Massachusetts

Nathaniel Gorham
Rufus King

Connecticut

Wm. Saml. *[William Samuel]* Johnson
Roger Sherman

New York

Alexander Hamilton

New Jersey

Wil: *[William]* Livingston
David Brearley
Wm. *[William]* Paterson
Jona: *[Jonathan]* Dayton

Pennsylvania

B *[Benjamin]* Franklin
Thomas Mifflin
Robt. *[Robert]* Morris
Geo. *[George]* Clymer
Thos. *[Thomas]* FitzSimons
Jared Ingersoll
James Wilson
Gouv *[Gouverneur]* Morris

THE BILL OF RIGHTS

LA DECLARACIÓN DE DERECHOS

The *first ten Amendments* to the *Constitution* were **ratified** on **December 15, 1791,** *and are known today as the* **"BILL of RIGHTS".**

However, Congress *originally proposed* **12** *amendments, not 10. The amendments we now know as the 1st through 10th were actually listed as Articles* **3** *through* **12** *on that original proposal.*

■ **So, what happened to the first two?**

▶ *Article the* **First** *(The Representation Amendment): This amendment sought to regulate the* **size** *of the* House of Representatives, *ensuring it would grow along with the nation's population. It was rejected at the time because its* **mathematical formula was confusing,** *and many states feared it would eventually lead to a* **gigantic Congress** *with thousands of members, making it unmanageable. (This is the first amendment we analyzed in the "Proposed Amendments Not Ratified" section).*

▶ *Article the* **Second** *(The "Sleeping" Amendment): This proposal stated that no law changing the* **salary** *of members of Congress could take effect until after the next election had taken place. The goal was simple: to prevent legislators from giving themselves an immediate pay raise.*

■ **The Astonishing Fate of the Two Amendments:**

▶ **"Article the First"** *was never ratified.*

▶ *But* **"Article the Second"** *has one of the most incredible stories in constitutional history. Because it was sent to the states without a ratification deadline, it lay "dormant" for over two centuries. In the 1980s, a university student at the University of Texas at Austin,* **Gregory Watson,** *rediscovered this forgotten amendment and started a nationwide campaign to get it ratified.*

Incredibly, he succeeded. "Article the Second" was finally ratified in **1992** *and became the* **27th Amendment** *to the Constitution—202 years after it was first proposed (see the 27th Amendment in its corresponding section below).*

For all these reasons, the amendment we celebrate today as the **First** *Amendment (protecting freedom of speech, religion, and the press) was, in the original document, "Article the* **Third.** *"*

They appear here in their **original form:**

Las **primeras diez Enmiendas** a la Constitución fueron ratificadas el 15 de diciembre de 1791, y son conocidas al día de hoy como la **"DECLARACIÓN de DERECHOS"** (Bill of Rights).

Sin embargo, el Congreso originalmente propuso **12** enmiendas, no 10. Las que hoy conocemos como las Enmiendas 1 a 10 eran, en realidad, las propuestas número 3 a la 12 de aquella lista original.

■ **Entonces, ¿qué pasó entonces con las dos primeras?**

► Artículo **Primero** (La Enmienda de la Representación): Esta enmienda buscaba regular el **tamaño** de la Cámara de Representantes, asegurando que creciera junto con la población de la nación. Fue rechazada en su momento porque **su fórmula matemática era confusa**, y muchos Estados temían que con el tiempo diera lugar a un **Congreso gigantesco** con miles de miembros, volviéndolo ingobernable. (Esta es la primera enmienda que analizamos en la sección "Proyectos de Enmienda no Ratificados").

► Artículo **Segundo** (La Enmienda "Durmiente"): Esta propuesta establecía que ninguna ley que cambiara el salario de los miembros del Congreso podría entrar en vigor hasta después de que se celebraran las siguientes elecciones. El objetivo era simple: impedir que los legisladores se subieran el sueldo a sí mismos de forma inmediata.

■ **El Asombroso Destino de las Dos Enmiendas:**

► El "Artículo **Primero**" nunca fue ratificado.

► Pero el "Artículo **Segundo**" tiene una de las historias más increíbles de la historia constitucional. Debido a que fue enviado a los Estados sin una fecha límite para su ratificación, permaneció "durmiente" durante más de dos siglos. En la década de 1980, un estudiante de la Universidad de Texas en Austin, **Gregory Watson**, redescubrió esta enmienda olvidada e inició una campaña por todo el país para conseguir que se ratificara.

Increíblemente, tuvo éxito. El "Artículo Segundo" fue finalmente ratificado en **1992** y se convirtió en la **27ª Enmienda** de la Constitución, 202 años después de haber sido propuesto (véase la 27ª Enmienda en su sección correspondiente más adelante).

Por todas estas razones, la enmienda que hoy celebramos como la **Primera** Enmienda (que protege la libertad de expresión, religión y prensa) era, en el documento original, el "Artículo **Tercero**".

Aquí aparecen en su **forma original**:

*The **PREAMBLE** to **The BILL of RIGHTS***

Congress of the United States
   - *begun* and
   - *held*
      at the City of **New-York**,
   - on Wednesday the *fourth of March*, one thousand seven hundred and eighty nine
(1789).

THE Conventions of a number of the States,
   - having at the time of their adopting the Constitution,
     expressed a desire,
       in order to prevent
         - misconstruction or
         - abuse
           of its powers,
           that
             further
                - declaratory and
                - restrictive
               clauses
                should be added: And
   - as extending the ground of **public confidence in the Government**,
     will best ensure the beneficent ends of its institution.

RESOLVED by the
   - Senate and
   - House of Representatives
     of the United States of America,
      - in Congress assembled,
      *- **two thirds** (2/3) of both Houses concurring,*
       that the following Articles be proposed to the Legislatures of the several States,
        as **amendments** to the Constitution of the United States,
          - *all*, or
          - *any*
            of which Articles,
               *when ratified by **three fourths** (3/4) of the said Legislatures,*
                  to be **valid** to all intents and purposes,
                     as part of the said Constitution; viz.

- **ARTICLES in addition** to, and
- **Amendment** of
    the *Constitution of the United States of America*,
      - proposed by Congress, and
      - ratified by the Legislatures of the several States,
        *pursuant to the **fifth Article** of the original Constitution.*

PREÁMBULO *a la* **DECLARACIÓN** *de* **DERECHOS**

<u>Congreso</u> de los Estados Unidos
- *abierto* y
- *celebrado*
    en la ciudad de **Nueva York,**
- en miércoles, el ***4 de marzo*** *de mil setecientos ochenta y nueve* ***(1789)***.

Las <u>Convenciones</u> de un número de Estados,
- habiendo en el momento de adoptar la Constitución,
    expresado un deseo,
        con la finalidad de prevenir,
            - *tergiversaciones o*
            - *abuso*
                de sus poderes,
                de que más **extensas cláusulas**
                    - <u>*declaratorias*</u> y
                    - <u>*restrictivas*</u>
                        deberían ser añadidas: y
- como la extensión del terreno de la **confianza pública en el Gobierno**
    asegurará mejor los benéficos fines de su institución.

RESUELTO por el
- <u>Senado</u> y
- <u>Cámara de Representantes</u>
    de los Estados Unidos de América,
        - *reunido en* <u>*Congreso,*</u>
        - *concurriendo* ***dos tercios (2/3)*** *de cada Cámara,*
            que los siguientes artículos sean propuestos a las <u>Asambleas Legislativas</u>
de los distintos Estados,
            como **Enmiendas** a la Constitución de los Estados Unidos
                - *todos*, o
                - *alguno*
                    de sus Artículos,
                cuando sean ratificados por ***tres cuartos (3/4)*** *de las citadas Asambleas,*
                serán **válidos** a todos los efectos,
                    como parte de la citada Constitución; a saber.

- **ARTÍCULOS adicionales**, y
- **Enmiendas**
    a la <u>*Constitución de los Estados Unidos de América*</u>,
        - *Propuestos por el* <u>*Congreso,*</u> *y*
        - *ratificados por las* <u>*Asambleas Legislativas*</u> *de varios Estados,*
            de acuerdo con el ***quinto Artículo*** *de la* <u>*Constitución original*</u>.

Amendment I. *Freedom of RELIGION, SPEECH, PRESS, ASSEMBLY, and PETITION (1791).*

Congress shall make ***no law***
- respecting an establishment of **RELIGION**, or
- prohibiting the free exercise thereof; or
- abridging
  - the freedom
    - of **SPEECH**, or
    - of the **PRESS**; or
  - the right of the people peaceably
    - to **ASSEMBLE**, and
    - to **PETITION** the Government for a **redress of grievances**.

Amendment II. *RIGHT to bear ARMS (1791).*

A well regulated **Militia**,
  being necessary to the security of a free State,
    the right of the people to
      - *keep* and
      - *bear*
        ARMS,
          shall **not** be ~~infringed~~.

Amendment III. *QUARTERING of SOLDIERS (1791).*

No **Soldier** shall,
  - *in time of peace*
    be **QUARTERED** in any house,
      without the consent of the Owner, nor
  - *in time of war,*
    but in a manner to be prescribed *by law*.

Amendment IV. *SEARCH and SEIZURE (1791).*

The right of the people to be **secure** in their
  - *persons,*
  - *houses,*
  - *papers,* and
  - *effects,*

Enmienda I. *Libertad de RELIGIÓN, EXPRESIÓN, PRENSA, REUNIÓN y PETICIÓN (1791).*

El Congreso no hará *ninguna Ley*
- sobre el ~~establecimiento~~ de una **RELIGIÓN**, o
- ~~prohibiendo~~ el libre ejercicio de la misma; o
- ~~acortando~~
   - la libertad
      - de **EXPRESIÓN**, o
      - de **PRENSA**; o
   - el derecho de la gente *pacíficamente*
      - a **REUNIRSE**, y
      - a **PEDIR** al Gobierno la **reparación de agravios**.

Enmienda II. *DERECHO a PORTAR ARMAS (1791).*

*Siendo necesaria una bien regulada **Milicia**
para la seguridad de un Estado libre,*
   el derecho del pueblo a
      - *tener* y
      - *llevar*
         ARMAS,
            no será ~~infringido~~.

Enmienda III. *ALOJAMIENTO de SOLDADOS (1791).*

Ningún **soldado**,
- *en tiempo de paz*
   será **ALOJADO** en casa alguna,
      sin el consentimiento del propietario,
- *ni en tiempo de guerra,*
   salvo de la manera prescrita *por la ley*.

Enmienda IV. *REGISTROS e INCAUTACIONES (1791).*

El derecho del pueblo a estar **seguro** en sus
- *personas*,
- *casas*,
- *papeles*, y
- *efectos*,

against **unreasonable**
- **SEARCHES** and
- **SEIZURES**,
    shall not be violated, and
no **Warrants** shall issue, but
upon *probable cause*,
    supported by
- *Oath* or
- *affirmation*, and
particularly describing
- the *place* to be searched, and
- the
    - *persons* or
    - *things*
        to be seized.

Amendment **V**. *RIGHTS in CRIMINAL CASES (1791)*.

- No person shall be held to **answer** for a
   - *capital*, or
   - otherwise *infamous*
   crime,
      unless on a
        - *presentment* or
        - *indictment*
          of a **Grand Jury**,
            except in cases arising
            - in the
               - *land* or
               - *naval*
                  forces, or
            - in the **Militia**,
               when in <u>actual service</u> in time of
                  - *War* or
                  - *public danger*;
- nor shall any person be subject for the *same offence* to be ~~twice~~ put in jeopardy of
   - *life* or
   - *limb*;
- nor shall be compelled in any criminal case to be a ~~witness against himself~~,

- nor be ~~deprived~~ of
   - *life*,
   - *liberty*, or
   - *property*,
      without due **process of law**;
- nor shall **private property** be ~~taken~~ for public use,
      without just *compensation*.

contra
- **REGISTROS** e
- **INCAUTACIONES**,
 irracionales
  será inviolable, y
ninguna **orden judicial** será dictada,
salvo por *causa probable*,
respaldada por
 - *juramento* o
 - *promesa*, y
particularmente describiendo
 - el *lugar* que será registrado, y
 - las
  - *personas* o
  - *cosas*
   que serán aprehendidas.

Enmienda V. *DERECHOS* en casos *PENALES (1791)*.

- Ninguna persona será obligada a **responder** por
 - un *delito* castigado con pena *capital* u
 - otro *delito infame*,
  salvo por
   - *denuncia* o
   - *acusación*
    de un GRAN JURADO,
     excepto en casos surgidos
      - en las **fuerzas**
       - *terrestres* o
       - *navales* o
      - en la **Milicia**,
       cuando se encuentre en servicio activo
        en tiempo de
         - *guerra* o
         - *peligro público*;
- ni ninguna persona será sometida por el *mismo delito* a ser ~~2 VECES~~ puesta en peligro
 - de *vida* o
 - de perder una *extremidad*;
- ni será obligada en ningún caso penal a ser ~~TESTIGO CONTRA SÍ MISMO~~,
- ni será ~~privada~~ de la
 - *vida*,
 - *libertad*, o
 - *propiedad*,
  sin el debido **PROCESO LEGAL**;
- ni la **PROPIEDAD PRIVADA** será ~~tomada~~ para uso público,
 sin justa *indemnización*.

Amendment VI. *RIGHT to a SPEEDY and FAIR TRIAL (1791).*

In all **CRIMINAL PROSECUTIONS**, the accused shall enjoy the right
- to a
- *speedy* and
- *public*
 trial,
 by an **impartial jury** of the
 - *State* and
 - *district*
 wherein the crime shall have been committed,
 which district shall have been previously *ascertained by law*, and
- to be **informed** of the
 - *nature* and
 - *cause*
 of the accusation;
- to be **confronted** with the **witnesses** against him;
- to have compulsory process for obtaining **witnesses in his favor**, and
- to have the **Assistance of Counsel** for his **defence** *(defense)*.

Amendment VII. *RIGHT to TRIAL by JURY in CIVIL CASES (1791).*

In Suits
- at **COMMON LAW** *(civil cases)*
- where the value in controversy shall exceed *twenty dollars (20)*,
 the right of **trial by jury** shall be preserved, and
no fact tried by a jury,
 shall be otherwise ~~re-examined~~ in any *Court* of the United States,
 than according to the *rules of the common law.*

Amendment VIII. *BAIL, FINES and PUNISHMENTS (1791).*

- ~~Excessive~~ **BAIL**
 shall not be required,
- nor ~~excessive~~ **FINES** imposed,
- nor
 - ~~cruel~~ and
 - ~~unusual~~
 PUNISHMENTS inflicted.

Enmienda VI. DERECHO a un JUICIO RÁPIDO y JUSTO (1791).

En todos los **PROCESOS PENALES**, el acusado disfrutará del derecho
- a un **JUICIO**
  - _rápido_ y
  - _público_
    por un **JURADO IMPARCIAL** del
      - _Estado_ y
      - _distrito_
        en el que el delito hubiera sido cometido,
          distrito que habrá sido previamente **_determinado por la Ley_** y
- a ser **INFORMADO** de la
  - _naturaleza_ y
  - _causa_
    de la acusación;
- a **VERSE CARA A CARA** con los **TESTIGOS** en su contra;
- a tener un proceso obligatorio para obtener **TESTIGOS A SU FAVOR**, y
- a tener **asistencia efectiva de LETRADO** para su **defensa**.

Enmienda VII. DERECHO a JUICIO por JURADO en CASOS CIVILES (1791).

En juicios
- de **DERECHO CONSUETUDINARIO** _(procesos civiles)_,
- en el que el valor de la controversia exceda de los **_20 dólares_**,
  el derecho a **juicio con Jurado** estará garantizado, y
ningún hecho juzgado por un Jurado,
  será ~~reexaminado~~ de otra manera en ningún _Tribunal_ de los Estados Unidos,
    si no es de acuerdo a las _reglas del Derecho consuetudinario_.

Enmienda VIII. FIANZA, MULTAS y CASTIGO (1791).

- Una **FIANZA** ~~excesiva~~
  no será requerida~~,~~
- ni ~~excesivas~~ **MULTAS** serán impuestas,
- ni **CASTIGOS**
  - ~~crueles~~ e
  - ~~inusuales~~
    serán infligidos.

Amendment **IX. *RIGHTS RETAINED* by the *PEOPLE* (1791).**

The **enumeration** in the _Constitution_, of certain **rights**,
   shall not be construed to
      - ~~deny~~ or
      - ~~disparage~~
         OTHERS retained by the people.

> *Note*: This "safety net" clause *affirms that the people retain other fundamental rights not listed in the Constitution, and has been notably cited in cases establishing a right to* **privacy** *(e.g., Griswold v. Connecticut).*

Amendment **X. *POWERS RESERVED* to the *STATES* (1791).**

The **powers**
      - not ~~delegated~~ to the ***United States*** by the Constitution,
      - nor ~~prohibited~~ by it to the ***States***,
         are reserved
            - to the **States** respectively, or
            - to the **people**.

Enmienda IX. *DERECHOS RETENIDOS por el PUEBLO (1791).*

La **enumeración** en la *Constitución* de ciertos **derechos**,
no será interpretada para
- ~~negar~~ o
- ~~menospreciar~~
    OTROS conservados por el Pueblo.

> *Nota*: Esta cláusula de "red de seguridad" afirma que el pueblo retiene otros derechos fundamentales no enumerados en la Constitución, y ha sido notablemente citada en casos que establecen un derecho a la **privacidad** (p. ej., en el caso Griswold v. Connecticut).

Enmienda X. *PODERES RESERVADOS a los ESTADOS (1791).*

Los **poderes**
- **no** ~~delegados~~ a los *Estados Unidos* por la *Constitución*,
- **ni** ~~prohibidos~~ por esta a los *Estados*,
    están **RESERVADOS**
    - a los **Estados** respectivamente, o
    - al **pueblo**.

AMENDMENTS XI - XXVII

ENMIENDAS XI - XXVII

Amendment **XI.** *SUITS* against *STATES* (1795).

> *Note: The Amendment XI was passed by Congress March 4, 1794, and ratified February 7, **1795**.*
> *This Amendment modified **Article III, Section 2**.*

The Judicial power of the United States
   shall not be construed to ~~extend~~ to any suit in
     - *law* or
     - *equity*,
       - *commenced* or
       - *prosecuted*
         against **one of the United States**
           - by *Citizens* of *another State*, or
           - by
              - *Citizens* or
              - *Subjects*
                of any *Foreign State*.

Amendment **XII.** *ELECTION* of *PRESIDENT* and *VICE-PRESIDENT* (1804).

> *Note: The Amendment XII was passed by Congress December 9, 1803, and ratified June 15, **1804**.*
> *This Amendment superseded a portion of **Article II, Section 1**.*

The **Electors** shall
   - *meet* in their respective **states** and
   - *vote* by ballot for
     - *President* and
     - *Vice-President*,
       one of whom,
         at least,
           shall **not** be an ~~inhabitant~~ of the ~~same state~~ with themselves;
they shall **name**
   - in their ballots the person voted for as *President*, and
   - in distinct ballots the person voted for as *Vice-President*, and
they shall make **distinct lists**
   - of all persons voted for as *President*, and
   - of all persons voted for as *Vice-President*, and
   - of the *number of votes* for each,
     which lists they shall
       - **sign** and
       - **certify**, and
       - *transmit* sealed to the seat of the government of the United States,
         directed to the ***President of the Senate***;

Enmienda **XI**. *DEMANDAS* contra los *ESTADOS (1795).*

> **Nota**: La Enmienda XI fue aprobada por el Congreso el 4 de marzo de 1794, y ratificada el 7 de febrero de **1795**.
> Esta Enmienda modificó el **Artículo III, Sección 2**.

El <u>Poder Judicial</u> de los Estados Unidos
  no se interpretará en el sentido de que se ~~extienda~~ a ningún pleito
    - de *derecho* o
    - de *equidad*,
      - <u>*comenzado*</u> o
      - <u>*tramitado*</u>
        contra **uno de los Estados Unidos**
          - por *ciudadanos* de <u>*otro Estado*</u>, o
          - por
             - *ciudadanos* o
             - *súbditos*
               de cualquier <u>*Estado extranjero*</u>.

Enmienda **XII**. *ELECCIÓN* de *PRESIDENTE* y *VICEPRESIDENTE (1804)*.

> **Nota**: La Enmienda XII fue aprobada por el Congreso el 9 de diciembre de 1803, y ratificada el 15 de junio de **1804**.
> Esta Enmienda sustituyó una parte del **Artículo II, Sección 1**.

Los **<u>Electores</u>**
  - <u>*se reunirán*</u> en sus respectivos **Estados** y
  - <u>*votarán*</u> por papeleta para
    - *<u>Presidente</u>* y
    - *<u>Vicepresidente</u>*,
      uno de los cuales,
        por lo menos,
          no será ~~**habitante**~~ del ~~mismo Estado~~ que ellos;
  - **nombrarán**
    - en sus papeletas la persona votada para <u>*Presidente*</u>, y
    - en distinta papeleta la persona votada para <u>*Vicepresidente*</u>, y
  - harán **listas separadas**
    - de todas las personas votadas para <u>*Presidente*</u>, y
    - de todas las personas votadas para <u>*Vicepresidente*</u>, y
    - del <u>*número de votos*</u> para cada uno,
      las cuáles
        - *firmarán* y
        - *certificarán*, y
        - *transmitirán* selladas a la <u>sede del Gobierno</u> de los Estados Unidos,
          dirigidas al <u>*Presidente del Senado*</u>;

- the <u>President of the Senate</u> shall,
>   *in the presence of the*
>>   - *Senate and*
>>   - *House of Representatives,*
>>>   **open** all the *certificates* and
- the ***votes***
>   shall then be counted;
- The person having the ***greatest number of votes*** for President, shall be the <u>President</u>,
>   - if such number be a <u>*majority*</u> of the whole number of Electors appointed; and
>   - if *no* person have such *majority*,
>>   then from the persons having the highest numbers not exceeding ***three (3)*** on the

list of those voted for as President,
>>   the <u>House of Representatives</u> shall choose immediately,
>>>   *by ballot,*
>>>>   the President.

But in choosing the President,
- the votes shall be taken ***by states,***
- the representation from each state having ***one vote***;
- a ***quorum*** for this purpose shall consist of a member or members from ***two-thirds***

(2/3) of the states, and
- a ***majority*** of all the states shall be necessary to a choice.

---

*And if the House of Representatives shall **not choose** a President*
>   *whenever the right of choice shall devolve upon them, before the fourth day of March*
next following,
>>   *then the <u>Vice-President</u> shall act as President,*
>>>   *as in case of*
>>>>   - *the <u>death</u> or*
>>>>   - *other constitutional <u>disability</u>*
>>>>>   *of the President.*

The person having the greatest number of votes as <u>Vice-President</u>,
>   shall be the Vice-President,
>>   - if such number be a <u>*majority*</u> of the whole number of Electors appointed, and
>>   - if *no* person have a *majority*,
>>>   then from the ***two (2)*** highest numbers on the list,
>>>>   the <u>Senate</u> shall choose the Vice-President;
>>>>>   - a quorum for the purpose shall consist of ***two-thirds (2/3)*** of the

whole number of Senators, and
>>>>>   - a ***majority*** of the whole number shall be necessary to a choice.

But no person *constitutionally ineligible* to the office of President shall be
eligible to that of Vice-President of the United States.

---

*Note: The part within the dotted box was superseded by **section 3** of the **20th Amendment**.*

- el <u>Presidente del Senado</u>,
   en presencia del
     - *Senado* y
     - *Cámara de Representantes,*
       abrirá todos los *certificados* y
- los *votos* se contarán;
- La persona que tenga **el mayor número de votos** para Presidente, será <u>Presidente</u>,
   - si tal número es la <u>mayoría</u> del número total de Electores nombrados; y
   - si <u>ninguna</u> persona tiene tal <u>~~mayoría~~</u>,
     entonces de las personas que tengan los números más altos sin exceder a *3* de la lista de los que votaron para Presidente,
       la <u>Cámara de Representantes</u> elegirá inmediatamente,
        por papeleta,
        al Presidente.
Pero al elegir al Presidente,
   - los votos se harán **por Estados**,
   - la representación de cada Estado tendrá **un voto**;
   - el **quórum** para este propósito consistirá en **dos tercios (2/3)** de los Estados, y
   - una **mayoría** de todos los Estados será necesaria para la elección.

---

*Y si la Cámara de Representantes **no elige** un Presidente,*
   siempre que el derecho de elección vuelva sobre ellos antes del 4 de marzo inmediatamente siguiente,,
     entonces el <u>Vicepresidente</u> actuará como Presidente,
       como en el caso de
        - <u>*muerte*</u> *u*
        - *<u>otra incapacidad</u> del Presidente recogida en la Constitución.*

La persona que tenga el número más grande de votos como <u>Vicepresidente</u>,
   será el Vicepresidente,
   - si tal número es una <u>mayoría</u> del número total del Electores nombrados, y
   - si <u>ninguna</u> persona tiene una <u>~~mayoría~~</u>,
     entonces de los *2* números más altos de la lista,
       el <u>Senado</u> elegirá al Vicepresidente;
        - el quórum para tal propósito será de **dos tercios (2/3)** del total del número de Senadores, y
        - una **mayoría** del número total será necesaria para la elección.
     Pero ninguna persona *constitucionalmente* **inelegible** para el cargo de Presidente será elegible para el de Vicepresidente de los Estados Unidos.

Nota: *La parte con recuadro punteado fue sustituida por la **Sección 3** de la **Enmienda XX**.*

Amendment XIII. *ABOLITION of SLAVERY (1865).*

> *Note:* The Amendment XIII was passed by Congress January 31, 1865, and ratified December 6, 1865.
>
> This Amendment directly superseded the *"Fugitive Slave Clause"* (Article IV, Section 2) and also rendered obsolete the *"Three-Fifths Clause"* (Article I, Section 2) and the *"Slave Trade Clause"* (Article I, Section 9).

Section 1. *SLAVERY and INVOLUNTARY SERVITUDE.*

- Neither *SLAVERY*
- nor *INVOLUNTARY SERVITUDE*,
    except as a **punishment** for crime whereof the party shall have been duly convicted, shall ~~exist~~ within
        - the United States, or
        - any place subject to their jurisdiction.

Section 2. *POWER to ENFORCE.*

Congress shall have power to **enforce** this article *by appropriate legislation*.

Amendment XIV. *CITIZENSHIP, DUE PROCESS, and EQUAL PROTECTION (1868).*

> *Note:* The Amendment XIV was passed by Congress June 13, 1866, and ratified July 9, **1868**.
>
> This Amendment modified **Article I**, **section 2** by section 2 of this Amendment.

Section 1. *SAME PRIVILEGES and IMMUNITIES.*

All persons
- *born* or
- *naturalized*
    in the United States, and
+
- *subject* to the jurisdiction thereof,
    are **CITIZENS**
        - of the *United States* and
        - of the *State* wherein they reside.

Enmienda XIII. *ABOLICIÓN de la ESCLAVITUD (1865).*

> **Nota**: *La Enmienda XIII fue aprobada por el Congreso el 31 de enero de 1865 y ratificada el 6 de diciembre de 1865.*
>
> *Esta Enmienda reemplazó directamente la **"Cláusula de Esclavos Fugitivos"** (Artículo IV, Sección 2) y también dejó obsoletas la **"Cláusula de los Tres Quintos"** (Artículo I, Sección 2) y la **"Cláusula del Tráfico de Esclavos"** (Artículo I, Sección 9)..*

Sección 1. *ESCLAVITUD y TRABAJOS FORZADOS.*

- Ni la *ESCLAVITUD*
- ni los *TRABAJOS FORZADOS*,
     <u>excepto</u> como **castigo** por crímenes por los cuales el reo hubiera sido debidamente condenado,
          ~~existirá~~
               - en los Estados Unidos, o
               - en cualquier lugar sujeto a su jurisdicción.

Sección 2. *PODER de HACER CUMPLIR.*

El <u>Congreso</u> tendrá poder para **hacer cumplir** este artículo a través <u>*de leyes apropiadas*</u>.

Enmienda XIV. *CIUDADANÍA, DEBIDO PROCESO y PROTECCIÓN IGUALITARIA (1868).*

> **Nota**: *La Enmienda XIV fue aprobada por el Congreso el 13 de junio de 1866 y ratificada el 9 de Julio de **1868**.*
>
> *La Sección 2 de esta Enmienda modificó la **Sección 2** del **Artículo I**.*

Sección 1. *MISMOS PRIVILEGIOS e INMUNIDADES.*

Todas las personas
- <u>*nacidas*</u> o
- <u>*naturalizadas*</u>
     en los Estados Unidos, y
+
- <u>*sometidas*</u> a su jurisdicción,
     son **CIUDADANOS**
          - de los *Estados Unidos* y
          - del *Estado* en el que residan.

No State shall
- *make* or
- *enforce*

    any ~~law~~ which shall **abridge** the
      - **PRIVILEGES** or
      - **IMMUNITIES**
        of citizens of the United States;

nor shall any State
  - ~~deprive~~ any person of
    - *life*,
    - *liberty*, or
    - *property*,
      without **DUE PROCESS** of law; nor
  - ~~deny~~ to any person within its jurisdiction the **EQUAL PROTECTION** of the *laws*.

Section 2. *REPRESENTATIVES of the STATES.*

REPRESENTATIVES shall be **apportioned** among the several **States** according to their respective **numbers**,
  - counting the *whole number* of persons in each State,
  - excluding ~~Indians not taxed~~.

But when the **right to vote** at any election for the choice of electors for
  - *President* and *Vice-President* of the United States,
  - Representatives in *Congress*,
  - the
    - *Executive* and
    - *Judicial*
      officers of a *State*, or
  - the members of the *Legislature* thereof,
    - is **denied** to any of the *male* inhabitants of such State,
      being
        - *twenty-one years (21) of age*, and
        - *citizens* of the United States, or
  - in any way **abridged**,
      except for participation in
        - *rebellion*, or
        - other *crime*,
          the basis of representation therein shall be **reduced** in the *proportion* which the number of such male citizens shall bear to the whole number of male citizens *twenty-one years (21)* of age in such State.

Note: The parts within the dotted box were affected and rendered obsolete by two subsequent amendments:

▶ *The word "male" was superseded by the **19th Amendment** (1920), which prohibits denying the right to vote on account of sex.*

▶ *The age of "twenty-one years" was superseded by the **26th Amendment** (1971), which established the voting age at 18.*

Ningún Estado
- *dictará* o
- *impondrá*
ninguna ~~ley~~ que ~~restrinja~~ los
- **PRIVILEGIOS** o
- **INMUNIDADES**
de ciudadanos de los Estados Unidos;
ni Estado alguno
- ~~privará~~ a ninguna persona de su
- *vida,*
- *libertad,* o
- *propiedad,*
sin el **DEBIDO PROCESO** legal; ni
- ~~negará~~ a ninguna persona bajo su jurisdicción **IGUAL PROTECCIÓN** de las *leyes*.

Sección 2. *REPRESENTANTES de los ESTADOS.*

REPRESENTATIVES *se repartirán proporcionalmente* entre los distintos **Estados** de acuerdo a sus respectivos *números,*
- contando el *número total* de personas en cada Estado,
- excluyendo a los ~~Indios que no pagan impuestos~~.
Pero cuando el **derecho a votar** a cualquier elección para escoger Electores para
- *Presidente* y *Vicepresidente* de los Estados Unidos,
- Representantes en el *Congreso,*
- *funcionarios*
- *administrativos* y
- *judiciales*
de un *Estado,* o
- los miembros de su *Asamblea Legislativa,*
- sea **negado** a alguno de los habitantes *varones* de tal Estado,
siendo
- *de 21 años de edad,* y
- *ciudadanos* de los Estados Unidos, o
- de alguna manera esté **restringido**,
excepto por participación en
- *rebelión, u*
- *otro crimen,*
la base de representación en el mismo será **reducido** en la *proporción* que el número de tales ciudadanos tenga respecto al número total de ciudadanos varones de *21 años* de edad en tal Estado.

Nota: *Las partes con recuadro punteado han sido afectadas y dejadas obsoletas por dos enmiendas posteriores:*
▶ *La palabra "male" (varones) quedó sin efecto por la* **Enmienda XIX** *(19ª) (1920), que prohíbe negar el derecho al voto por razón de sexo.*
▶ *La edad de "twenty-one years" (veintiún años) fue reemplazada por la* **Enmienda XXVI** *(26ª) (1971), que estableció la edad para votar en 18 años.*

117

Section 3. *(CIVIL WAR) DISQUALIFICATIONS.*

No person shall
- be a
    - ~~*Senator*~~ or
    - ~~*Representative*~~ in Congress, or
    - ~~*elector*~~ of
        - **President** and
        - **Vice-President**, or
- hold any ~~*office*~~,
    - *civil* or
    - *military*,
            - under the United States, or
            - under any State,
        who,
            having previously taken an **oath**,
                - *as a member of* ***Congress****, or*
                - *as an* ***officer*** *of the United States, or*
                - *as a member of any* ***State legislature****, or*
                - *as an* *executive* *or* *judicial* ***officer*** *of any State,*
                    to support the *Constitution of the United States*,
                    shall have
                        - **engaged** in
                            - *insurrection* or
                            - *rebellion*
                                against the same, or
                        - **given**
                            - *aid* or
                            - *comfort*
                                to the *enemies* thereof.
But Congress may
    by a vote of ***two-thirds*** *(2/3) of* *each House*,
        remove such disability.

Section 4. *PUBLIC DEBT.*

The validity of the **PUBLIC DEBT** of the United States,
    authorized *by law*,
        including debts incurred for payment of
            - *pensions* and
            - *bounties*
                for services in suppressing
                    - *insurrection* or
                    - *rebellion*,
                        shall not be ~~**questioned**~~.

Sección 3. *INHABILITACIONES* (derivadas del Guerra Civil).

Nadie
- será
    - ~~Senador~~ o
    - ~~Representante~~ en el Congreso, o
    - ~~elector~~ del
        - Presidente y
        - Vicepresidente, u
- ostentará ningún ~~cargo~~,
    - *civil* o
    - *militar*,
        - de los Estados Unidos, o
        - de cualquier Estado,
            si,
                habiendo previamente prestado **juramento**,
                - *como miembro del* **Congreso**, *o*
                - *como* **funcionario** *de los Estados Unidos, o*
                - *como miembro de cualquier* **Asamblea Legislativa**, *o*
                - *como* **funcionario** *administrativo o judicial de cualquier Estado,*
                de **apoyar** la *Constitución de los Estados Unidos*,
                    se haya
                        - **involucrado** en una
                            - *insurrección* o
                            - *rebelión*
                                contra la misma, o
                        - dado
                            - *ayuda* o
                            - *comodidades*
                                a sus *enemigos*.
Pero el Congreso puede
    *por el voto de **dos tercios** (2/3) de cada Cámara,*
        quitar tal incapacidad.

Sección 4. *DEUDA PÚBLICA*.

La validez de la **DEUDA PÚBLICA** de los Estados Unidos,
    autorizada por Ley,
        incluyendo las deudas en las que se haya incurrido por pago de
        - *pensiones* y
        - *recompensas*
            por servicios prestados sofocando
                - *insurrecciones* o
                - *rebeliones*,
                    no será ~~cuestionada~~.

But
- neither the <u>United States</u>
- nor <u>any State</u>
    shall
        - ~~assume~~ or
        - ~~pay~~
            - any
                - ~~debt~~ or
                - ~~obligation~~
                    incurred in aid of
                        - **insurrection** or
                        - **rebellion**
                            against the United States, or
            - any claim for the
                - ~~loss~~ or
                - ~~emancipation~~
                    of any **slave**;
but all such
- *debts*,
- *obligations* and
- *claims*
    shall be held
        - **illegal** and
        - **void**.

Section 5. *POWER to ENFORCE.*

The <u>Congress</u> shall have the power to **enforce**,
by appropriate <u>legislation</u>,
the provisions of <u>*this article*</u>.

Amendment **XV**. *RIGHT to VOTE regardless of RACE (1870).*

Note: The Amendment XV was passed by Congress on February 26, 1869, and ratified on February 3, 1870.

Section 1. *RIGHT to VOTE.*

The right of citizens of the United States to **vote** shall not be
- ~~denied~~ or
- ~~abridged~~
    - by the *United States* or
    - by any *State*
        on account of
            - **RACE**,
            - **COLOR**, or
            - previous condition of **SERVITUDE**.

120

Pero
- ni los Estados Unidos
- ni ningún Estado
- ~~asumirá~~ o
- ~~pagará~~
- ninguna
- ~~deuda~~ u
- ~~obligación~~
en la que se haya incurrido en ayuda de
- la **insurrección** o
- la **rebelión**
contra los Estados Unidos, o
- ninguna reclamación por la
- ~~pérdida~~ o
- ~~emancipación~~
de ningún **esclavo**;
sino que tales
- *deudas*,
- *obligaciones* y
- *reclamaciones*
serán tenidas por
- **ilegales** y
- **nulas**.

Sección 5. *PODER* para *HACER CUMPLIR*.

El Congreso tendrá el poder para **hacer cumplir**,
a través de la legislación adecuada,
las disposiciones de *este artículo*.

Enmienda **XV**. *DERECHO* al *VOTO* sin distinción de *RAZA* *(1870)*.

Nota: Esta Enmienda XV fue aprobada por el Congreso el 26 de febrero *de 1869, y ratificada el 3 de febrero de 1870.*

Sección 1. *DERECHO a VOTAR*.

El derecho de los ciudadanos de los Estados Unidos a **votar** no será
- ~~negado~~ o
- ~~disminuido~~
- por los *Estados Unidos* o
- por ningún *Estado*
a causa de
- la **RAZA**,
- el **COLOR**, o
- la condición previa de **ESCLAVITUD**.

121

Section 2. *POWER to ENFORCE.*

The Congress shall have the power to **enforce** this article
  by appropriate legislation.

Amendment **XVI.** *INCOME TAX (1913).*

Note: This Amendment XVI was passed by Congress on July 12, 1909,
and ratified on February 3, 1913.
    This Amendment affected Article I, Section 9, Clause 4 and Article I,
Section 2, Clause 3.

The Congress shall have power to
  - *lay* and
  - *collect*
      TAXES on **INCOMES**,
          from whatever source derived,
              - without *apportionment* among the several States, and
              - without *regard* to any
                  - *census* or
                  - *enumeration.*

Amendment **XVII.** *POPULAR ELECTION of SENATORS (1913).*

Note: This Amendment XVII was passed by Congress May 13, 1912, and
ratified April 8, *1913*.
    This Amendment modified **Article I, Section 3**.

The Senate of the United States
  shall be composed of *two (2)* **Senators** from each **State**,
      - elected *by the people* thereof,
      - for *six years (6)*; and
  each Senator shall have **one vote**.
The **electors** in each State shall have the *qualifications requisite* for electors of the most
numerous branch of the State legislatures.

When **vacancies** happen in the representation of any State in the Senate,
    the executive authority of such State shall issue *writs of election* to fill such
vacancies:
        Provided, That the legislature of any State may empower the executive thereof to
make **temporary appointments** until the people fill the vacancies by election as the legislature
may direct.

This amendment shall **not** be so construed as to *affect* the
  - *election* or
  - *term*
      of any Senator
          chosen *before* it becomes valid as part of the *Constitution.*

Sección 2. *PODER* para *HACER CUMPLIR*.

El Congreso tendrá el poder para **hacer cumplir** este artículo
a través de la legislación adecuada.

Enmienda **XVI**. *IMPUESTOS* sobre la *RENTA (1913).*

Nota: Esta Enmienda XVI fue aprobada por el Congreso el 12 de julio de 1909, y ratificada el 3 de febrero de 1913.
Esta Enmienda afectó al Artículo I, Sección 9, Cláusula 4 y al Artículo I, Sección 2, Cláusula 3.

El Congreso tendrá poder para
- *establecer* y
- *recaudar*
    IMPUESTOS sobre **INGRESOS**,
        cualquiera que sea la fuente de que derive,
            - sin ~~prorrateo~~ entre los distintos Estados, y
            - sin ~~consideración~~ a ningún
                - *censo* o
                - *recuento.*

Enmienda **XVII**. *ELECCIÓN POPULAR* de *SENADORES (1913).*

*Nota: Esta Enmienda XVII fue aprobada por el Congreso el 13 de mayo de 1912, y ratificada el 8 de abril de **1913**.*
*Esta Enmienda modificó el **Artículo I, Sección 3**.*

El Senado de los Estados Unidos
    estará compuesto de *2* **Senadores** de cada **Estado**,
        - elegido *por el pueblo* del mismo,
        - por *6 años*; y
    cada Senador tendrá **un voto**.
Los **electores** en cada Estado tendrán los *requisitos exigidos* para los electores de la rama más numerosa de las Asambleas Legislativas estatales.

Cuando se produzcan **vacantes** en la representación de cualquier Estado en el Senado,
    la Autoridad ejecutiva de tal estado dictará un *decreto convocando elecciones* para cubrir tales vacantes:
        entendiendo que la Asamblea Legislativa de cualquier Estado puede autorizar a su Ejecutivo a hacer **nombramientos temporales** hasta que el pueblo cubra las vacantes por elección en la forma que la Asamblea Legislativa disponga.

Esta Enmienda **no** será interpretada de tal manera que ~~afecte~~ a
    - la *elección* o
    - el *mandato*
        de ningún Senador
            elegido *antes* de que adquiera validez como parte de la *Constitución.*

Amendment **XVIII.** *PROHIBITION (1919).*

> *Note:* This Amendment XVIII was passed by Congress December 18, 1917, and ratified January 16, *1919*, but was *repealed by amendment XXI*.

Section 1. *INTOXICATING LIQUORS.*

After **one year** from the *ratification* of this article the
- *manufacture,*
- *sale,* or
- *transportation*
    of **INTOXICATING LIQUORS** within,
- the *importation* thereof into, or
- the *exportation* thereof from
    - the *United States* and
    - all *territory* subject to the jurisdiction thereof
        for **beverage** purposes
            is hereby **prohibited**.

Section 2. *POWER to ENFORCE.*

- The Congress and
- the several States
    shall have concurrent power to **enforce** *this article*
        by appropriate *legislation*.

Section 3. *RATIFIED as AMENDMENT.*

This article shall be inoperative
    unless it shall have been **ratified** as an **amendment** to the Constitution
        by the *legislatures* of the several States,
            as provided in the Constitution,
                within **seven years** *(7)* from the date of the *submission* hereof to the States by the Congress.

> *Nota*: Esta Enmienda XVIII fue aprobada por el Congreso el 18 de diciembre de 1917, y fue ratificada el 16 de enero de **1919**, pero fue **derogada por la Enmienda XXI.**

Sección 1. *LICORES EMBRIAGANTES.*

A partir de ***un año*** desde la *ratificación* de este artículo, la
- *fabricación*,
- *venta*, o
- *transporte*
    de **LICORES EMBRIAGANTES**, así como la
- *importación*, o
- *exportación*
    de los mismos
        - dentro de los *Estados Unidos* y
        - todo el *territorio* sometido a su jurisdicción,
            para usarlos como **bebida,**
                quedan por la presente **prohibidos**.

Sección 2. *PODER para HACER CUMPLIR.*

- El Congreso y
- los distintos Estados
    tendrán poderes concurrentes para **hacer cumplir** *este artículo*
    a través de la legislación apropiada.

Sección 3. *RATIFICADO como ENMIENDA.*

Este artículo no entrará en vigor
    mientras no sea **ratificado** como **enmienda** a la Constitución
        por las Asambleas Legislativas de los distintos Estados,
            como se prevé en la Constitución,
                en el plazo de **7 años** desde la fecha de *presentación* del mismo a los Estado por parte del Congreso.

Amendment XIX. *WOMEN'S SUFFRAGE (1920).*

> *Note*: This Amendment XIX was passed by Congress June 4, 1919, and ratified August 18, **1920**.

The right of citizens of the United States to **VOTE** shall not be
- ~~denied~~ or
- ~~abridged~~
    - by the *United States* or
    - by any *State*
        on account of **SEX**.

Congress shall have power to **enforce** *this article*
  by appropriate *legislation*.

Amendment XX. *PRESIDENTIAL TERM and SUCCESSION (1933).*

> *Note*: This Amendment XX was passed by Congress on March 2, 1932, and ratified on January 23, **1933**. It had the following effects:
> ▶ Section 1 sets the new term start date for the President and Vice President as **January 20** (affecting Article II, Section 1).
> ▶ Section 2 establishes **January 3rd** as the new assembly date for Congress (modifying Article I, Section 4, Clause 2).
> ▶ Section 3 provides new contingency procedures in case a President is not chosen (superseding a clause in the 12th Amendment).

Section 1. *TERM.*

- The **TERMS**
    - of the *President* and
    - the *Vice President*
        shall **end** at noon on the *20th* day of *January*, and
- the terms of
    - *Senators* and
    - *Representatives*
        at noon on the *3d* day of *January*,
            of the years in which such terms would have ended if this article had not been ratified; and
    - the terms of their **successors** shall then begin.

Enmienda XIX. *SUFRAGIO FEMENINO (1920).*

> *Nota*: Esta Enmienda XIX fue aprobada por el Congreso el 4 de junio de 1919, y ratificada el 18 de agosto de **1920**.

El derecho de los ciudadanos de los Estados Unidos a **VOTAR** no será
- ~~negado~~ o
- ~~recortado~~
    - por los *Estados Unidos* o
    - por ningún *Estado*
        por motives de SEXO.

El Congreso tendrá poder para **hacer cumplir** *este artículo*
a través de la legislación apropiada.

Enmienda XX. *MANDATO PRESIDENCIAL y SUCESIÓN (1933).*

> *Nota*: Esta Enmienda XX fue aprobada por el Congreso el 2 de marzo de 1932 y ratificada el 23 de enero de 1933. Tuvo los siguientes efectos:
> ▶ *La Sección 1* establece el **20 de enero** como la nueva fecha de inicio del mandato del Presidente y del Vicepresidente (afectando al Artículo II, Sección 1).
> ▶ *La Sección 2* fija el **3 de enero** como la nueva fecha de reunión del Congreso (modificando el Artículo I, Sección 4, Cláusula 2).
> ▶ *La Sección 3* establece nuevos procedimientos de contingencia en caso de que no se haya elegido Presidente (sustituyendo una cláusula de la Duodécima Enmienda).

Sección 1. *MANDATO.*

- El **MANDATO**
    - del *Presidente* y
    - del *Vicepresidente*
        terminará al mediodía del **20 de *enero***, y
- los mandatos de los
    - *Senadores* y
    - *Representantes*
        al mediodía del **3 de *enero***,
        de los años en los que tales mandatos habrían terminado si este Artículo no hubiera sido ratificado; y
- los mandatos de sus **sucesores** comenzarán en ese momento.

Section 2. *CONGRESS ASSEMBLY.*

- The <u>Congress</u> shall **assemble** at least *once* in every year, and
- such meeting shall begin at noon on the *3d* day of *January*,
  <u>unless</u> they shall *by law* appoint a *different day*.

Section 3. *SUCCESSION.*

- If,
  > *at the time fixed for the* **beginning** *of the term of the President,*
  >> the <u>President elect</u> shall have **died**,
  >>> the <u>Vice President elect</u> shall become President.
- If a *President* shall **not** have been **chosen** before the time fixed for the beginning of his term, or
- if the *President elect* shall have *failed to qualify*,
  > then the <u>Vice President elect</u> shall act as President until a President shall have *qualified*; and
  >> - the <u>Congress</u> may *by law* provide for the case wherein
  >>> - neither a *President elect*
  >>> - nor a *Vice President elect*
  >>> shall have *qualified*,
  >>>> **declaring**
  >>>>> - who shall then act as *President*, or
  >>>>> - the *manner* in which one who is to act shall be *selected*, and such person shall act accordingly *until* a
  >>>>>> - *President* or
  >>>>>> - *Vice President*
  >>>>>> shall have **qualified**.

Section 4. *DEATH of CANDIDATES.*

The <u>Congress</u> may *by law* provide
  ▶ for the case of the **DEATH** of any of the *persons* from whom the *HOUSE of REPRESENTATIVES* *may choose* a <u>President</u> whenever the right of choice shall have devolved upon them, and
  ▶ for the case of the **DEATH** of any of the *persons* from whom the *SENATE* may choose a <u>Vice President</u> whenever the right of choice shall have devolved upon them.

Section 5. *ENTRY into FORCE.*

Sections
  - 1 and
  - 2
    shall take **effect** on the *15th* day of *October*
    following the *ratification* of this article.

Sección 2. *REUNIÓN del CONGRESO.*

El <u>Congreso</u> se **reunirá** al menos **una vez** al año, y
tal reunión empezará el *3* de *enero*,
  <u>salvo que *por ley*</u> señalen un *día diferente*.

Sección 3. *SUCESIÓN.*

- Si,
  en el momento fijado para el **comienzo** *del mandato del Presidente,*
    el <u>Presidente electo</u> hubiese **muerto**,
      el <u>Vicepresidente electo</u> se convertirá en Presidente.
- Si un *Presidente no* hubiese sido *elegido* antes del tiempo fijado para el comienzo de
su mandato, o
- si el *Presidente electo* no cumpliera los *requisitos*,
    entonces el <u>Vicepresidente electo</u> actuará como Presidente hasta que el Presidente los
cumpla; y
- el <u>Congreso</u> podrá proveer *por ley* para el caso en que
  - ni el *Presidente electo*
  - ni el *Vicepresidente electo*
    cumplan los requisitos,
      declarando
        - quién en ese caso actuará como *Presidente*, o
        - la *manera* en que la persona que habrá de actuar será *seleccionada*, y
          tal persona actuará de acuerdo con ello *hasta* que un
            - *Presidente* o
            - *Vicepresidente*
            cumpla los **requisitos**.

Sección 4. *MUERTE de los CANDIDATOS.*

El <u>Congreso</u> podrá proveer *por ley*
  - para el caso de la **muerte** de cualquiera de las *personas* de entre las cuáles la
Cámara de Representantes pudiera escoger un <u>Presidente</u> cuando el derecho a elegirlo se le
hubiera sido transferido, y
  - para el caso de la **muerte** de cualquiera de las *personas* de entre las cuáles el *Senado*
pudiera escoger un <u>Vicepresidente</u> cuando el derecho a elegirlo se le hubiera sido transferido.

Sección 5. *ENTRADA en VIGOR.*

Las **Secciones**
  - **1** y
  - **2**
      tendrán **efecto** el *15* de *octubre*
      siguiente a la *ratificación* de este artículo.

Section 6. *RATIFIED as AMENDMENT.*

This article shall be inoperative
  unless it shall have been **ratified** as an **amendment** to the *Constitution*
    - by the legislatures of *three-fourths (3/4)* of the several States
    - within *seven (7) years* from the date of its submission.

Amendment XXI. *REPEAL of PROHIBITION (1933).*

Note: This Amendment XXI was passed by Congress on February 20, 1933, and ratified on December 5, 1933.
  Section 1 of this amendment repeals the **18th Amendment**, making it the only amendment to ever overturn another.

Section 1. *REPEAL of 18TH ARTICLE.*

The *EIGHTEENTH article* of amendment to the *Constitution of the United States* is hereby **repealed**.

Section 2. *INTOXICATING LIQUORS LAWS.*

The
  - *transportation* or
  - *importation*
    into any
      - *State*,
      - *Territory*, or
      - *possession*
        of the United States
          for
            - *delivery* or
            - *use*
              therein
              of **INTOXICATING LIQUORS**,
                in violation of the laws thereof,
                is hereby **prohibited**.

Section 3. *RATIFIED as AMENDMENT.*

This article shall be inoperative
  unless it shall have been **ratified** as an **amendment** to the *Constitution*
    - by *conventions* in the several States,
      as provided in the Constitution,
    - within *seven years (7)* from the date of the submission hereof to the States by the Congress.

Sección 6. *RATIFICADO como ENMIENDA.*

Este artículo será ineficaz
 hasta que sea **ratificado** como una **enmienda** a la *Constitución*
  - por las *Asambleas Legislativas* de *tres cuartos (3/4)* de los distintos Estados
  - en el plazo de *7 años* desde la fecha de su presentación.

Enmienda **XXI.** *DEROGACIÓN de la PROHIBICIÓN (1933).*

> *Nota*: Esta Enmienda XXI fue aprobada por el Congreso el 20 de febrero de 1933 y ratificada el 5 de diciembre de 1933.
> La Sección 1 de esta enmienda deroga la 18ª Enmienda, lo que la convierte en la única enmienda que jamás ha anulado a otra.

Sección 1. *DEROGACIÓN de la ENMIENDA 18ª.*

El **DÉCIMO OCTAVO** artículo de enmiendas a la Constitución de los Estados Unidos queda por la presente **derogado**.

Sección 2. *LEYES sobre LICORES EMBRIAGANTES.*

El
 - *transporte* o
 - *importación*
  en cualquier
   - *Estado*,
   - *Territorio*, o
   - *posesión*
    de los Estados Unidos
     para ser
      - *repartidos* o
      - *utilizados*
       en ellos
        de **LICORES EMBRIAGANTES**,
         *en violación de las **leyes** sobre los mismos,*
         quedan por la presente **prohibidos**.

Sección 3. *RATIFICADO como ENMIENDA.*

Este artículo será ineficaz
 hasta que sea **ratificado** como una **enmienda** a la *Constitución*
  - por *convenciones* en los distintos Estados,
    tal como está previsto en la Constitución,
  - en el plazo de *7 años* desde la fecha de su presentación a los Estados por el Congreso.

Amendment XXII. *PRESIDENTIAL TERM LIMITS (1951).*

> *Note:* This Amendment XXII was passed by Congress March 21, 1947, and ratified February 27, **1951**.

Section 1. *TWICE/ONCE.*

- No person shall be elected to the office of the President more than **TWICE**, and
- no person who has
    - *held* the office of President, or
    - *acted* as President,
        for more than *two years (2)* of a term to which some other person was elected President
            shall be elected to the office of the President more than **ONCE**.
But *this Article*
- shall **not apply** to any person holding the office of President when *this Article* was *proposed* by the Congress, and
- shall **not prevent** any person who may be
    - *holding* the office of **President**, or
    - *acting as* **President**,
        during the term within which *this Article* becomes operative from
            - *holding* the office of President or
            - *acting as* President
                during the remainder of such term.

Section 2. *RATIFIED as AMENDMENT.*

This article shall be inoperative
    unless it shall have been **ratified** as an **amendment** to the Constitution
    - by the legislatures of *three-fourths (3/4)* of the several States
    - within *seven (7) years* from the date of its submission to the States by the Congress.

Amendment XXIII. *PRESIDENCIAL VOTE for D.C. (1961).*

> *Note:* This Amendment XXIII was passed by Congress June 16, 1960, and ratified March 29, **1961**.

Section 1. *ELECTORS.*

The **DISTRICT** constituting the *seat of Government of the United States*
    shall **appoint**
        in such **manner** as the Congress may direct:

132

Enmienda XXII. *LÍMITE de MANDATOS PRESIDENCIALES (1951).*

> *Nota: Esta Enmienda XXII fue aprobada por el Congreso el 21 de marzo de 1947, y ratificada el 27 de febrero de 1951.*

Sección 1. *DOS VECES/UNA VEZ.*

- Nadie será elegido para el cargo de Presidente más de **DOS VECES**, y
- nadie que
    - haya *ostentado* el cargo de Presidente, o
    - haya *actuado* como Presidente,
        por más de *2 años* del período para el que alguna otra persona hubiera sido elegida Presidente
            será elegido para el cargo de Presidente más de **UNA VEZ**.
Pero *este artículo*
    - **no se aplicará** a ninguna persona que ostente el cargo de Presidente cuando este Artículo fue *propuesto* por el Congreso, y
    - **no impedirá** a ninguna persona que pueda estar
        - *desempeñando* el cargo de Presidente, o
        - *ejerciendo como* Presidente,
            durante el mandato en que este Artículo adquiera vigencia
                - *desempeñar* el cargo de Presidente o
                - *ejercer como* Presidente
                    durante el <u>tiempo restante</u> de dicho mandato.

Sección 2. *RATIFICADO como ENMIENDA.*

Este artículo será ineficaz
    <u>hasta que</u> sea **ratificado** como una **enmienda** a la Constitución
        - por las <u>Asambleas Legislativas</u> de *tres cuartos (3/4)* de los distintos Estados
        - en el plazo de *7 años* de su presentación a los Estados por el <u>Congreso</u>.

Enmienda XXIII. *VOTO PRESIDENCIAL para D.C. (1961).*

> *Nota: Esta Enmienda XXIII fue aprobada por el Congreso el 16 de junio de 1960, y ratificada el 29 de marzo de 1961.*

Sección 1. *ELECTORES.*

El **DISTRITO** que constituye la *sede del Gobierno de los Estados Unidos*
    nombrará
        *de la **manera** que el <u>Congreso</u> pueda establecer:*

A number of **electors** of
- *President* and
- *Vice President*
    - *equal* to the whole number of
        - Senators and
        - Representatives
            in Congress to which the District would be entitled *if it were a State*, but
    - in no event ~~more~~ than *the least populous State*;
they shall be *in addition* to those appointed by the States, but
they shall be considered,
    for the purposes of the election of
        - *President and*
        - *Vice President,*
            to be *electors appointed by a State*; and
they shall
    - *meet* in the District and
    - *perform* such *duties*
        as provided by the *twelfth article* of *amendment*.

Section 2. *POWER to ENFORCE.*

The Congress shall have power to **enforce** *this article*
    by appropriate *legislation*.

Amendment XXIV. *ABOLITION of POLL TAXES (1964).*

Note: This Amendment XXIV was passed by Congress August 27, 1962, and ratified January 23, *1964.*

Section 1. *POLL TAX or OTHER TAX.*

The right of citizens of the United States to **vote** in any
- *primary* or
- *other*
    election
        - for
            - *President* or
            - *Vice President,*
        - for *electors* for
            - *President* or
            - *Vice President,* or
        - for
            - *Senator* or
            - *Representative* in Congress,
                shall **not** be
                    - ~~denied~~ or

134

Un número de **electores** del
- *Presidente* y
- *Vicepresidente*
  - *igual* al número completo de
    - Senadores y
    - Representantes
      en el Congreso al que el Distrito tendría derecho *si fuera un Estado*, pero
  - en ningún caso ~~más~~ que *el menos populoso de los Estados*;
    - *se añadirán* a los nombrados por los Estados,
      pero serán considerados,
        a efectos de la elección del
        - *Presidente* y
        - *Vicepresidente,*
          como *electores nombrados por un Estado*; y
    - *se reunirán* en el Distrito y
    - *desempeñarán* su *labor*
      como está previsto en la *Decimosegunda Enmienda.*

Sección 2. *PODER* para *HACER CUMPLIR.*

El <u>Congreso</u> tendrá el poder para **hacer cumplir** <u>este artículo</u>
a través de la <u>legislación</u> apropiada.

Enmienda **XXIV**. *ABOLICIÓN* de los *IMPUESTOS ELECTORALES (1964).*

Nota: Esta Enmienda XXIV fue aprobada por el Congreso el 27 de agosto de 1962, y ratificada el 23 de enero de **1964**.

Sección 1. *IMPUESTO ELECTORAL* u *OTROS IMPUESTOS.*

El derecho de los ciudadanos de los Estados Unidos a **VOTAR** en cualquier elección
- *primaria* o
- *de otro tipo*
  - para
    - *Presidente* o
    - *Vicepresidente,*
  - para *electores* para
    - <u>Presidente</u> o
    - <u>Vicepresidente</u>, o
  - para
    - *Senador* o
    - *Representante* en el Congreso,
      NO será
      - ~~negado~~ o

- ~~abridged~~
by
- the *United States* or
- any *State*
by reason of **failure to pay** any
- **POLL TAX** or
- **OTHER TAX.**

Section 2. *POWER to ENFORCE.*

The Congress shall have power to **enforce** this article
by appropriate legislation.

Amendment XXV. *PRESIDENTIAL SUCCESSION and DISABILITY (1967).*

Note: This Amendment XXV was passed by Congress July 6, 1965, and ratified February 10, 1967.
This XXV Amendment modified Article II, Section 1.

Section 1. *VICE PRESIDENT.*

In case
- of the *removal* of the President from office or
- of his
    - *death* or
    - *resignation,*
        the **VICE PRESIDENT** shall become *President.*

Section 2. *VACANCY of the VICE PRESIDENT.*

*Whenever there is a **vacancy** in the office of the Vice President,*
the President shall **NOMINATE** a **VICE PRESIDENT**
who shall take office upon **confirmation** by a *majority* vote of both Houses of Congress.

Section 3. *SELF-DECLARATION of UNABILITY.*

Whenever the President transmits to
- the *President pro tempore* of the Senate and
- the *Speaker* of the House of Representatives
    his **written declaration** that he is **UNABLE** to discharge the
    - *powers* and
    - *duties*
        of his office, and

- ~~recortado~~

por
- los *Estados Unidos* o
- cualquier *Estado*
por razón de **falta de pago** de algún
- **IMPUESTO ELECTORAL** u
- **OTRO IMPUESTO.**

Sección 2. *PODER para HACER CUMPLIR.*

El Congreso tendrá poder para **hacer cumplir** este artículo
a través de la legislación apropiada.

Enmienda **XXV.** *SUCESIÓN PRESIDENCIAL e INCAPACIDAD (1967).*

Nota: *Esta Enmienda XXV fue aprobada por el Congreso el 6 de Julio de 1965, y ratificada el 10 de febrero de **1967.***
*Esta Enmienda XXV modificó el **Artículo II**, **Sección 1.***

Sección 1. *VICEPRESIDENTE.*

En caso
- de *separación* del Presidente de su puesto o
- de su
    - *muerte* o
    - *renuncia,*
        el **VICEPRESIDENTE** se convertirá en *Presidente.*

Sección 2. *VACANTE del VICEPRESIDENTE.*

Cuando haya una **vacante** en el puesto de Vicepresidente,
el Presidente **NOMBRARÁ** un **VICEPRESIDENTE**
que asumirá el cargo tras ser **confirmado** por una *mayoría* de votos de ambas
Cámaras del Congreso.

Sección 3. *AUTODECLARACIÓN de INCAPACIDAD.*

Cuando el Presidente transmita
- al *Presidente pro tempore* del Senado y
- al *Presidente* de la Cámara de Representantes
    su **declaración escrita** de que es **INCAPAZ** de desempeñar los
    - *poderes* y
    - *deberes*
        de su cargo, y

137

until he transmits to them a **written declaration** to the **contrary,**
such

- *powers* and
- *duties*

shall be discharged by the **Vice President** as Acting President.

Section 4. *DECLARATION MADE by the VICE PRESIDENT and a MAJORITY of PRINCIPAL OFFICERS.*

Whenever
- the *Vice President* and
- a *majority* of either the *principal officers*
    - of the *executive departments* or
    - of such *other body* as Congress may *by law* provide,
    transmit to
        - the *President pro tempore* of the Senate and
        - the *Speaker* of the House of Representatives
            their **written declaration** that the President is **unable** to discharge the
                - *powers* and
                - *duties*
                    of his office,
                        the Vice President shall immediately **assume** the
                            - *powers* and
                            - *duties*
                                of the office as *Acting President.*

Thereafter,
    when the President **transmits** to
        - the *President pro tempore* of the Senate and
        - the *Speaker* of the House of Representatives
            his **written declaration** that **no inability exists,**
                he shall **resume** the
                    - *powers* and
                    - *duties*
                        of his office
    unless
    - the *Vice President* and
    - a *majority* of either the *principal officers*
        - of the *executive department* or
        - of such *other body* as Congress may *by law* provide,
        transmit
        within *four days (4)* to
            - the *President pro tempore* of the Senate and
            - the *Speaker* of the House of Representatives
                their **written declaration** that the President is **unable** to discharge the
                    - *powers* and
                    - *duties*
                        of his office.

hasta que les transmita una **declaración escrita** en sentido **contrario**, tales

- *poderes* y
- *deberes*

serán desempeñados por el **Vicepresidente** como *Presidente interino*.

Sección 4. *DECLARACIÓN HECHA por el VICEPRESIDENTE y una MAYORÍA de FUNCIONARIOS PRINCIPALES.*

Cuando
- el *Vicepresidente* y
- una *mayoría* de los *funcionarios principales*
    - de los *departamentos administrativos* o
    - de *otro organismo* que el Congreso pueda *por ley* disponer,

    transmitan
    - al *Presidente pro tempore* del Senado y
    - al *Presidente* de la Cámara de Representantes

        su **declaración escrita** de que el Presidente es **incapaz** de desempeñar los
        - *poderes* y
        - *deberes*

            de su cargo,

                el Vicepresidente inmediatamente **asumirá** los
                - *poderes* y
                - *deberes*

                    del cargo como *Presidente interino*.

Después de eso,
    cuando el Presidente **transmita**
    - al *Presidente pro tempore* del Senado y
    - al *Presidente* de la Cámara de Representantes

        su **declaración escrita** de que **no existe incapacidad**,

        reasumirá los
        - *poderes* y
        - *deberes*

            de su cargo

a menos que
    - el *Vicepresidente* y
    - una *mayoría* de los *funcionarios principales*
        - de los *departamentos administrativos* o
        - de los *otros organismos* que el Congreso pueda *por ley* establecer,

        transmitan
            en el plazo de *4 días*
            - al *Presidente pro tempore* del Senado y
            - al *Presidente* de la Cámara de Representantes

                su **declaración escrita** de que el Presidente es **incapaz** de

desempeñar los

                - *poderes* y
                - *obligaciones*
                    de su cargo.

Thereupon <u>Congress</u> shall **decide** the issue,

assembling within *forty-eight (48) hours* for that purpose if not in session.

If the <u>Congress</u>,

- within *twenty-one (21) days after receipt of the latter written declaration, or,*
- *if Congress is not in session, within* **twenty-one days** *(21) after Congress is* required to assemble,

- **determines** by *two-thirds (2/3)* vote of both Houses that the <u>President</u> is **unable** to discharge the

- *powers* and
- *duties*

of his office,

the <u>Vice President</u> shall **continue** to discharge the same as *Acting President*;

- otherwise, the <u>President</u> shall **resume** the

- *powers* and
- *duties*

of his office.

Amendment XXVI. *RIGHT to VOTE at AGE 18 (1971).*

Note: This Amendment XXVI was passed by Congress March 23, 1971, and ratified July 1, 1971.

The Section 1 of this XXVI Amendment modified Amendment 14, Section 2.

Section 1. *EIGHTEEN (18) YEARS.*

The right of citizens of the United States,

who are

- *EIGHTEEN (18) YEARS* of age or
- *older*,

to **VOTE** shall not be

- ~~*denied*~~ or
- ~~*abridged*~~

- by the <u>*United States*</u> or
- by any <u>*State*</u>

on account of **age**.

Section 2. *POWER to ENFORCE.*

The <u>Congress</u> shall have power to **enforce** <u>*this article*</u>
by appropriate <u>*legislation*</u>.

Inmediatamente después, el <u>Congreso</u> **decidirá** el asunto,
reuniéndose en el plazo de ***cuarenta y ocho (48) horas*** para ese propósito si no estuviese reunido en sesión.
Si el <u>Congreso</u>,
- *en el plazo de **21 días** después de recibir esta segunda declaración escrita, o,*
- *si el Congreso no estuviera reunido en sesión, en el plazo de **21 días** desde que el Congreso haya sido requerido para reunirse,*

    determina
      *por voto de **dos tercios (2/3)** de las dos Cámaras*
        que el <u>Presidente</u> es **incapaz** de desempeñar los
          - *poderes* y
          - *deberes*
            de su cargo,

              el <u>Vicepresidente</u> **continuará** desempeñando el mismo como Presidente interino;
          - en caso contrario, el <u>Presidente</u> **reasumirá** los
          - *poderes* y
          - *deberes*
            de su cargo.

Enmienda XXVI. *DERECHO al VOTO a los 18 AÑOS (1971).*

> **Nota**: Esta Enmienda XXVI fue aprobado por el Congreso el 23 de marzo de **1971**.
> La Sección 1 de esta Enmienda XXVI modificó la **Sección 2** de la **Enmienda 14**.

Sección 1. *18 AÑOS.*

El derecho de los ciudadanos de los Estados Unidos,
    que tengan
      - ***DIECIOCHO (18) AÑOS*** de edad o
      - *más*,
        a **VOTAR** no será
          - ~~*negado*~~ o
          - ~~*recortado*~~
            - por los *Estados Unidos* o
            - por ningún *Estado*
              por razón de la **edad**.

Sección 2. *PODER para HACER CUMPLIR.*

El <u>Congreso</u> tendrá el poder para **hacer cumplir** <u>*este artículo*</u>
a través de la <u>legislación</u> apropiada.

Amendment **XXVII**. *CONGRESSIONAL COMPENSATION (1992).*

> *Note: This Amendment XXVII was* proposed Sept. 25, 1789, *and ratified* May 7, **1992**.

No *law*,
  varying the **COMPENSATION** for the services of the
    - *Senators* and
    - *Representatives*,
      shall take **effect**,
        until an **election** of Representatives shall have intervened.

Enmienda XXVII. *REMUNERACIÓN de SENADORES y REPRESENTANTES (1992).*

> **Nota:** *Esta Enmienda XXVII fue propuesta el 25 de septiembre de 1789, y ratificada el 7 de mayo de* **1992**.

Ninguna *ley*,
   variando la **REMUNERACIÓN** de los servicios de los
   - *Senadores* y
   - *Representantes*,
      entrará en **vigor**,
,
         hasta que haya transcurrido una **elección** de Representantes.

PROPOSED AMENDMENTS NOT RATIFIED

ENMIENDAS PROPUESTAS NO RATIFICADAS

I. REPRESENTATION Amendment *(1789)*

- *Also known as* **Article the First** *of the original Bill of Rights.*
- *Proposed to regulate the* **number** *of* **representatives** *in* **Congress** *but was never ratified.*

▶ *After the* ***first enumeration*** *required by the first article of the* <u>*Constitution*</u>,
 there shall be **one Representative** for every ***thirty thousand (30.000)***,
  until the number shall amount to ***one hundred (100)***,
▶ after which
 the proportion shall be so regulated by <u>Congress</u>, that there shall be
  - not less than ***one hundred (100) Representatives***,
  - nor less than **one Representative** for every ***forty thousand (40.000) persons***,
   until the number of Representatives shall amount to ***two hundred (200)***;
▶ after which
 the proportion shall be so regulated by <u>Congress</u>, that there shall
  - not be less than ***two hundred (200) Representatives***,
  - nor more than **one Representative** for every ***fifty thousand (50.000) persons***.

II. TITLES of NOBILITY Amendment *(1810)*

Proposed to **prohibit U.S. citizens** *from accepting titles of nobility or honour from foreign governments; never ratified.*

▶ If any **citizen** of the United States shall
  - <u>*accept*</u>,
  - <u>*claim*</u>,
  - <u>*receive*</u> or
  - <u>*retain*</u>,
   any **TITLE** of
    - **nobility** or
    - **honour**, or
▶ shall,
  without the consent of <u>*Congress*</u>,
   - <u>*accept*</u> and
   - <u>*retain*</u>
    any
     - <u>*PRESENT*</u>,
     - <u>*PENSION*</u>,
     - <u>*OFFICE*</u> or
     - <u>*EMOLUMENT*</u>
      - of any kind whatever,
      - from any
       - <u>emperor</u>,

I. Enmienda sobre la REPRESENTACIÓN *(1789)*

> *- Conocida como* **Artículo Primero** *de la* **propuesta original** *de la Carta de Derechos.*
> *- Propuesta para regular el* **número** *de* **representantes** *en el* **Congreso**, *pero nunca se ratificó.*

▶ *Tras el* **primer censo** *dispuesto por el artículo primero de la* <u>Constitución</u>,
  se asignará **un Diputado** por cada *treinta mil (30.000) habitantes*,
    hasta que el número total alcance la cifra de *cien (100)*;
▶ a partir de entonces,
  el <u>Congreso</u> regulará dicha proporción de tal modo que **no** haya
    - menos de *cien (100) Diputados*,
    - ni menos de **un Diputado** por cada *cuarenta mil (40.000) personas*,
        hasta que el número de Diputados alcance la cifra de *doscientos (200)*;
▶ a partir de entonces,
  el <u>Congreso</u> regulará la proporción de tal modo que **no** haya
    - menos de *doscientos (200) Diputados*,
    - ni más de **un Diputado** por cada *cincuenta mil (50.000) personas*."

II. Enmienda sobre TÍTULOS NOBILIARIOS *(1810)*

> *Propuesta para prohibir que los ciudadanos estadounidenses aceptaran títulos nobiliarios de gobiernos extranjeros; nunca fue ratificada.*

▶ Si cualquier **ciudadano** de los Estados Unidos
    - <u>aceptase</u>,
    - <u>reclamase</u>,
    - <u>recibiese</u> o
    - <u>retuviese</u>
        cualquier **TÍTULO**
            - **nobiliario** u
            - **honorífico**, o
▶ si,
    sin el consentimiento del <u>Congreso</u>,
        - <u>aceptase</u> y
        - <u>retuviese</u>
            cualquier
                - <u>*OBSEQUIO*</u>,
                - <u>*PENSIÓN*</u>,
                - <u>*CARGO*</u> o
                - <u>*EMOLUMENTO*</u>
                    - de cualquier clase,
                    - procedente de cualquier
                        - <u>emperador</u>,

- <u>king</u>,
- <u>prince</u> or
- <u>foreign power</u>,
    such person
        - shall **cease to be a citizen** of the United States, and
        - shall be **incapable** of holding **any office**
            - of trust or
            - profit
                - under them *(the United States),* or
                - either of them *(any State of the U.S.).*

III. CORWIN Amendment *(1861)*

> *Proposed to **prevent** the federal government from **abolishing slavery,** in an attempt to **avert** the **Civil War;** never ratified.*

NO AMENDMENT shall be made to the <u>*Constitution*</u> which will
- <u>*authorize*</u> or
- <u>*give*</u> to <u>Congress</u> the <u>*power*</u> to
    - <u>*abolish*</u> or
    - <u>*interfere,*</u>
        within any <u>State</u>,
            with the **domestic institutions** thereof,
                including that of **persons held** to
                    - <u>*labor*</u> or
                    - <u>*service*</u>
                        by the <u>*laws*</u> of said <u>State</u>.

IV. CHILD LABOR Amendment *(1924)*

> *Proposed to give Congress authority to regulate child labor, but not enough states ratified it.*

Section 1.

The <u>Congress</u> shall have power to
- <u>*limit,*</u>
- <u>*regulate*</u>, and
- <u>*prohibit*</u>
    the **LABOR** of persons under **EIGHTEEN** *(18)* years of age.

Section 2.

The power of the <u>several States</u> is unimpaired by <u>*this article*</u>
    <u>except</u> that the operation of <u>*State laws*</u> shall be **suspended**
        to the extent necessary to give effect to <u>***LEGISLATION***</u> **ENACTED** by the <u>**CONGRESS**</u>.

- rey,
- príncipe o
- poder extranjero,
    dicha persona
    - **perderá la nacionalidad** de los Estados Unidos y
    - será declarada **inhábil** para ocupar cualquier **cargo público**
    - de confianza o
    - remunerado
        - bajo la autoridad de aquellos *(los EEUU)*, o
        - de cualquiera de ellos *(cualquier Estado de los EEUU)*.

III. Enmienda **CORWIN** *(1861)*

> *Propuesta para* ***evitar*** *la* ***abolición*** *de la* ***esclavitud*** *por parte del gobierno federal y* ***prevenir*** *la* ***Guerra de Secesión****; nunca ratificada.*

NO se introducirá **ENMIENDA** alguna a la *Constitución* que
- *autorice* o
- *confiera*
    al Congreso la potestad de
    - *abolir* o
    - *injerirse*,
        dentro de cualquier Estado,
        en las **instituciones propias** del mismo,
            incluida la de aquellas **personas obligadas a prestar**
            - *trabajo* o
            - servicio
                en virtud de las *leyes* de dicho Estado.

IV. Enmienda sobre el **TRABAJO INFANTIL** *(1924)*

> *Propuesta para otorgar al Congreso la potestad de regular el* ***trabajo infantil****, pero no fue ratificada por suficientes estados.*

Sección 1.

El Congreso ostentará la potestad de
- *limitar*,
- *regular* y
- *prohibir*
    el **TRABAJO** de los menores de **DIECIOCHO** *(18)* años.

Sección 2.

La potestad de los distintos Estados no se verá menoscabada por el *presente artículo*,
    salvo que la aplicación de las *leyes estatales* quedará **en suspenso**
        en la medida en que sea necesario para dar efecto a la *LEGISLACIÓN*
PROMULGADA por el **CONGRESO**.

V. EQUAL RIGHTS Amendment –*ERA- (1972)*

> *Proposed to guarantee equal rights regardless of **sex**, but its ratification deadline expired.*

Section 1.

EQUALITY of **RIGHTS** under the law shall not be
- *denied* or
- *abridged*
    - by the United States or
    - by any State
        on account of **SEX**.

Section 2.

The Congress shall have the power to enforce,
by *appropriate legislation*,
the provisions of *this article*.

Section 3.

This amendment shall take **effect** *TWO (2) YEARS* after the date of **ratification**.

VI. WASHINGTON D.C. Voting Rights Amendment *(1978)*

> *Proposed to grant **full congressional representation** to **Washington, D.C.**, but was **not ratified**.*

Section 1.

For purposes of
- *representation* in the *Congress*,
- election of the
    - *President* and
    - *Vice President*, and
- *article V* of this *Constitution*,
    the **District** constituting the **seat of government** of the United States shall be treated as though it were a *STATE*.

Section 2.

The **exercise** of the
- *rights* and
- *powers*
    conferred under *this article*
        shall be by the **PEOPLE** of the **DISTRICT** constituting the **seat of government**,
            *and as shall be **provided** by the Congress.*

V. Enmienda de **IGUALDAD** de **DERECHOS** –*ERA- (1972)*

> *Propuesta para garantizar la igualdad de derechos por razón de **sexo**, pero su plazo de ratificación expiró*

Sección 1.

La **IGUALDAD** de **DERECHOS** ante la ley
- ~~no~~ será ~~denegada~~
- ~~ni~~ ~~menoscabada~~
  - por los Estados Unidos
  - ni por ningún Estado
    por razón de **SEXO**.

Sección 2.

El Congreso ostentará la **potestad** de **hacer cumplir**,
  mediante la *legislación pertinente*,
    las disposiciones del *presente artículo*.

Sección 3.

La presente enmienda entrará en **vigor** *DOS (2) AÑOS* después de la fecha de su **ratificación**.

VI. Enmienda sobre los derechos de **VOTO** de **WASHINGTON D.C.** *(1978)*

> *Propuesta para conceder a Washington D.C. **plena representación** en el Congreso, pero **no fue ratificada**.*

Sección 1.

A efectos
- de la *representación* en el *Congreso*,
- de la elección
  - del *Presidente* y
  - del *Vicepresidente*, y
- del *artículo V* de esta *Constitución*,
    el **Distrito** que constituye la **sede del gobierno** de los Estados Unidos recibirá el tratamiento de ***ESTADO***.

Sección 2.

El **ejercicio** de los
- *derechos* y
- *potestades*
  conferidos en virtud del *presente artículo*
    corresponderá al **PUEBLO** del **DISTRITO** que constituye la **sede del gobierno**,
      *en la **forma** que disponga el Congreso*.

Section 3.

The *TWENTY-THIRD (23) ARTICLE* of *AMENDMENT* to the *Constitution of the United States* is hereby **repealed**.

Section 4.

This article shall be inoperative,
  unless it shall have been **RATIFIED**
    - as an *AMENDMENT* to the *Constitution*
    - by the legislatures of *three-fourths (3/4)* of the several States
    - within *seven (7) years* from the date of its **submission**.

Sección 3.

Por la presente,
queda **derogado** el *VIGESIMOTERCER (23) ARTÍCULO* de *ENMIENDA* a la *Constitución de los Estados Unidos*.

Sección 4.

El *presente artículo* quedará sin efecto
a menos que sea **RATIFICADO**
- como *ENMIENDA* a la *Constitución*
- por las asambleas legislativas de las *tres cuartas (3/4) partes* de los distintos Estados
- en el plazo de *siete (7) años* desde la fecha de su **presentación**.